ことば

赤《あか》とんぼ

名前

つぎの　しを　二回《にかい》　読《よ》んで、こたえましょう。

赤《あか》とんぼ

つくつくほうしが
なくころになると、
あの　ゆうびんのマークが、
きっと　㋐知《し》らせにきます。
金色《きんいろ》の空《そら》から
もう　あきですよ……って。

※つくつくほうし…つくつくぼうしの　こと。なつの　おわりごろから　あきの　あいだに　なく　セミ。

※ゆうびんのマーク…〒（ここでは、赤《あか》とんぼを　あらわす。）

（令和二年度版　光村図書　こくご二下　赤とんぼ　まど・みちお）

(1) つくつくほうしが　なく　ころ　とは、いつの　ころですか。○を　つけましょう。

（　）はるの　ころ。

（　）あきの　ころ。

(2) ㋐知《し》らせにきますと　ありますが、どこから　くるのですか。

(3) ㋐知《し》らせにきますと　ありますが、どんな　ことを　知《し》らせに　くると　言《い》って　いますか。

もう　□□　ですよ

お手紙《てがみ》 (1)

名前

きょうか書《しょ》の　つぎの　文《ぶん》を　二回《にかい》　読《よ》んで、答《こた》えましょう。

1

がまくんは、
げんかんの前《まえ》に…

から

…やって来《き》て、
言《い》いました。

まで

2

「どうしたんだい、…

から

…「うん、そうなんだ。」
がまくんが言《い》いました。

まで

1

(1) がまくんは、どこに　すわって　いましたか。

[　　　　]

(2) やって来《き》たのは、だれですか。

[　　　　]

2

(1) 「きみ、かなしそうだね。」とは、だれが　言《い》った　ことばですか。

[　　　　]

(2) 「うん、そうなんだ。」とは、どういう　気《き》もちですか。一《ひと》つに　○を　つけましょう。

(　) たのしい
(　) かなしい
(　) うれしい

お手紙《てがみ》 (2)

名前

きょうか書《しょ》の つぎの 文《ぶん》を 二回《にかい》 読《よ》んで、答《こた》えましょう。

1

「今《いま》、一日《いちにち》のうちの……

から

……ふしあわせな気《き》もちに
なるんだよ。」

まで

2

「そりゃ、どういうわけ。」……

から

……もらったこと
ないんだもの。」
がまくんが言《い》いました。

まで

1

(1) かなしい 時《とき》とは、どんな 時間《じかん》ですか。

時間《じかん》。

(2) お手《て》紙《がみ》を まつ 時間《じかん》は、どんな 気《き》もちに なると 言《い》って いますか。

な 気《き》もち。

2

(1) 「そりゃ、どういうわけ。」と 言《い》ったのは、だれですか。

(2) がまくんは、何《なに》を もらった ことが ないのですか。

お手紙《てがみ》 (3)

名前

きょうか書《しょ》の つぎの 文《ぶん》を 二回《にかい》 読《よ》んで、答《こた》えましょう。

がまくんは、お手紙《てがみ》を もらった ことが ありませんでした。

1

「いちどもかい。」…

から

…「ああ。 いちども。」
がまくんが言《い》いました。

まで

2

「だれも、ぼくに…

から

…かなしいのは、
そのためなのさ。」

まで

1

(1) 「ああ。 いちども。」と ありますが、どういう いみですか。
○を つけましょう。

（　）お手紙《てがみ》を いちどだけ もらった ことが ある。

（　）お手紙《てがみ》を いちども もらった ことが ない。

2

(1) 毎日《まいにち》、ゆうびんうけは、どう なって いますか。

(2) お手紙《てがみ》を まって いる ときが かなしいのは、なぜですか。
二《ふた》つに ○を つけましょう。

（　）お手紙《てがみ》が 来《こ》ないから。

（　）お手紙《てがみ》を 書《か》いた ことが ないから。

（　）毎日《まいにち》、ゆうびんうけが いっぱいだから。

（　）毎日《まいにち》、ゆうびんうけが 空《から》っぽだから。

お手《て》紙《がみ》 (4)

名前

きょうか書《しょ》の つぎの 文《ぶん》を 二回《にかい》 読《よ》んで、答《こた》えましょう。

「ふたりとも、かなしい気分《きぶん》で、…」

から

「…しなくちゃいけないことが、あるんだ。」

まで

(1) ふたりとは だれと だれですか。

［　　　］と［　　　］。

(2) ふたりは、どんな 気分《きぶん》で いましたか。

［　　　］

(3) かなしい 気分《きぶん》で、どこに こしを 下《お》ろして いましたか。

［　　　］

(4) なぜ かえるくんは、家《いえ》へ 帰《かえ》らないと いけないのですか。○を つけましょう。

(　) しなくちゃいけない ことが、あるから。

(　) かなしい 気分《きぶん》に なるから。

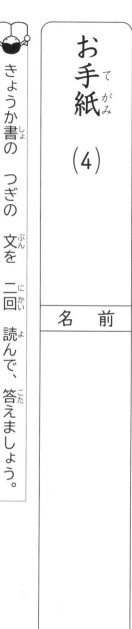

お手《て》紙《がみ》 (5)

名前

きょうか書《しょ》の つぎの 文《ぶん》を 二回《にかい》 読《よ》んで、答《こた》えましょう。

1

「かえるくんは、大《おお》いそぎで…」

から

「…ふうとうに
こう書《か》きました。
「がまがえるくんへ」」

まで

2

「かえるくんは、家《いえ》から…」

から

「…「かたつむりくん。」
かえるくんが言《い》いました。」

まで

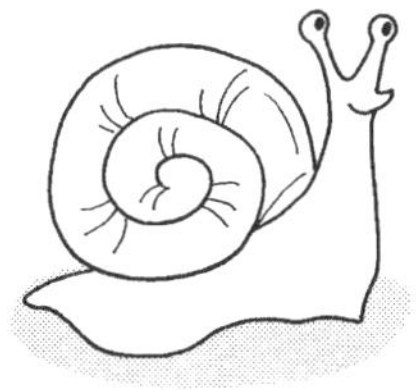

1

(1) 家《いえ》へ 帰《かえ》った かえるくんは、何《なに》を 見《み》つけましたか。

(2) かえるくんは、ふうとうに 何《なん》と 書《か》きましたか。

2

(1) 家《いえ》から とび出《だ》したのは だれですか。

(2) かえるくんは、だれに 会《あ》いましたか。

知《し》りあいの ＿＿＿＿。

お手紙《てがみ》（6）

名前

きょうか書《しょ》の　つぎの　文《ぶん》を　二回《にかい》　読《よ》んで、答《こた》えましょう。

かえるくんは、手紙《てがみ》を　書《か》いて
家《いえ》から　とび出《だ》すと　かたつむりくんに
会《あ》いました。

「おねがいだけど、
このお手紙《てがみ》を…

から

…かたつむりくんが
言《い》いました。
「すぐやるぜ。」

まで

（1）手紙《てがみ》を　ゆうびんうけに　入《い》れて
きて　くれないかいと　おねがい
したのは、だれですか。

（2）この　手紙《てがみ》は　だれが　書《か》き
ましたか。

（3）「すぐやるぜ。」と　言《い》ったのは、
だれですか。

（4）「すぐやるぜ。」と　ありますが、
どんな　ことを　やるのですか。

この　［　　　］を
がまくんの家《いえ》へ　もっていって、
［　　　］に
［　　　］くる　こと。

お手紙《てがみ》 (7)

名前

きょうか書《しょ》の つぎの 文《ぶん》を 二回《にかい》 読《よ》んで、答《こた》えましょう。

1

それから、
かえるくんは、…

から

…お昼《ひる》ねをしていました。

まで

2

「がまくん。」
かえるくんが言《い》いました。…

から

…まってみたらいいと
思《おも》うな。」

まで

1

(1) かえるくんは、どこへ もどりましたか。

(2) がまくんは、どこで 何《なに》を して いましたか。

　　　　で　　　　を していました。

2

(1) 「きみ、おきてさ、…」と ありますが、きみとは、だれですか。

(2) かえるくんは、何《なに》が 来《く》るのを、まって みたら いいと 言《い》いましたか。

わたしはおねえさん (1)

名前

つぎの あらすじと 文《ぶん》しょうを 二回《にかい》 読《よ》んで、答《こた》えましょう。

歌《うた》を 作《つく》るのが すきな すみれちゃんは、二年生《にねんせい》に なったので、えらい おねえさんに なって、りっぱな ことを したくなりました。そこで、朝《あさ》の うちに しゅくだいを しようと、つくえの 上《うえ》に、教科書《きょうかしょ》と ノートを 広《ひろ》げました。でも、花《か》だんの コスモスが 気《き》に なって、水《みず》やりを しに にわに 出《で》て しまいました。その 間《あいだ》に、すみれちゃんの へやでは 何《なに》かが おきて いました。

1

出《だ》しっぱなしの
すみれちゃんのノートに、
二《に》さいになった
妹《いもうと》のかりんちゃんが、
えんぴつで、
㋐何《なに》かをかきはじめたのです。

2

すみれちゃんが
水《みず》やりからもどってくると、
かりんちゃんは、
まだ かいている
さいちゅうでした。

（令和二年度版　光村図書　こくご二下　赤とんぼ　いしい　むつみ）

1

(1) ㋐何《なに》かをかきはじめたのは、だれですか。

二《に》さいになった ＿＿ の ＿＿。

2

(1) 水《みず》やりから もどって きたのは、だれですか。

＿＿

(2) かりんちゃんは、何《なに》を して いましたか。

えんぴつで まだ ＿＿ いる ＿＿ でした。

わたしはおねえさん (2)

名前

つぎの 文《ぶん》しょうを 二回《にかい》 読《よ》んで、答《こた》えましょう。

1

すみれちゃんはおどろいて、
㋐「かりん、何《なに》してるの。」
とききました。
㋑「おべんきょ。」
と、かりんちゃんが
言《い》いました。

2

㋐「もう、かりんたら、もう。」
と、すみれちゃんは
言《い》いました。
半分《はんぶん》ぐらい、
なきそうでした。
もう半分《はんぶん》は、
おこりそうでした。

1 ㋐㋑は、それぞれ、だれが 言《い》った ことばですか。

㋐（　　　　）

㋑（　　　　）

2 ㋐もう、かりんたら、もうと 言《い》った とき、すみれちゃんは どんな 気《き》もちでしたか。

すみれちゃんは、半分《はんぶん》ぐらい、
［　　　　］でした。
もう半分《はんぶん》は、
［　　　　］でした。

（令和二年度版　光村図書　こくご二下　赤とんぼ　いしい　むつみ）

わたしはおねえさん (3)

名前

つぎの 文《ぶん》しょうを 二回《にかい》 読《よ》んで、答《こた》えましょう。

1

すみれちゃんには、
自分《じぶん》が、
なきたいのか
おこりたいのか
㋐分《わ》かりませんでした。

2

それで、じっと、ノートを
㋑見《み》ていました。
かりんちゃんがかいた
ぐちゃぐちゃのものを
見《み》ていました。
「何《なに》よ、㋒これ。」
と、すみれちゃんは
言《い》いました。

1

(1) ㋐分《わ》かりませんでしたと ありますが、すみれちゃんには、何《なに》が 分《わ》かりませんでしたか。

自分《じぶん》が、
[　　　　] のか
[　　　　] のか
分《わ》かりませんでした。

2

(1) じっと、何《なに》を ㋑見《み》ていましたか。

[　][　][　]

(2) ㋒これとは、何《なん》の ことですか。

[　　　　] が かいた
[　　　　] の もの。

(令和二年度版 光村図書 こくご二下 赤とんぼ いしい むつみ)

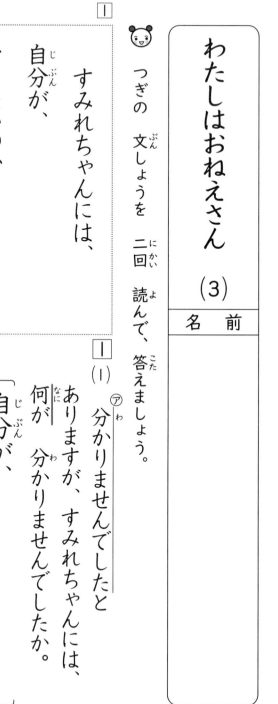

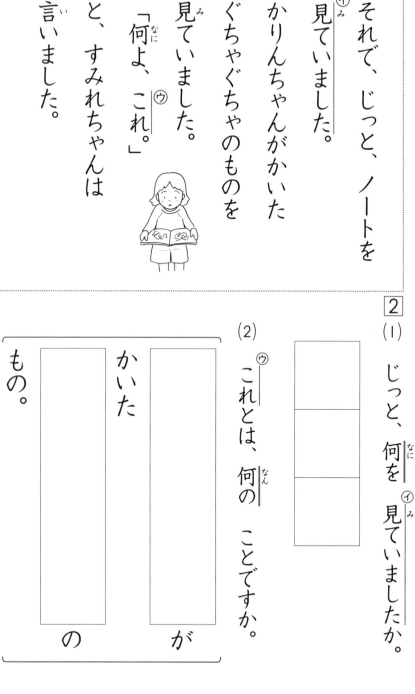

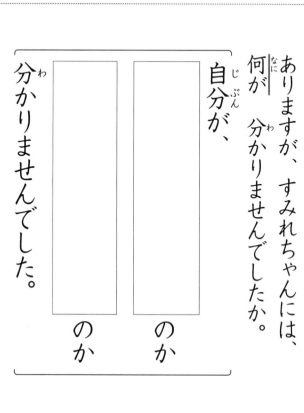

わたしはおねえさん (4)

名前

つぎの 文《ぶん》しょうを 二回《にかい》 読《よ》んで、答《こた》えましょう。

かりんちゃんが かいた ぐちゃぐちゃの ものを 見《み》て、「何《なに》よ、これ。」と、すみれちゃんは、かりんちゃんに 言《い》いました。

1

すみれちゃんは、
それが何《なに》か、知《し》りたかった
わけではありませんでした。
けれど、かりんちゃんは、
「お花《はな》。」
と答《こた》えました。

2

あ「お花《はな》。これがお花《はな》なの。」
そう言《い》うと、すみれちゃんは、
かりんちゃんを見《み》ました。
かりんちゃんは、「そう。」と
言《い》うように うなずきました。

（令和二年度版　光村図書　こくご二下　赤とんぼ　いしい　むつみ）

1

(1) かりんちゃんは、何《なん》と 答《こた》えましたか。

「　　　　」と答《こた》えました。

2

(1) あは、だれが 言《い》った ことば ですか。

(2) すみれちゃんが、かりんちゃんを 見《み》たとき、かりんちゃんは、どう しましたか。

かりんちゃんは、「そう。」と言《い》うように　　　　。

わたしはおねえさん (5)

名前

つぎの 文《ぶん》しょうを 二回《にかい》 読《よ》んで、答《こた》えましょう。

1

それから、
まどの外《そと》をゆびさして、
もういちど、
「お花《はな》。」
と言《い》いました。
そこには、
すみれちゃんが
水《みず》をやったばかりの
コスモスがさいています。

2

すみれちゃんは、
もういちど、ノートを
見《み》ました。
じっと。ずっと。

（令和二年度版　光村図書　こくご二下　赤とんぼ　いしい　むつみ）

1

(1) どこを ゆびさしましたか。

＿＿＿＿ の外《そと》。

(2) まどの 外《そと》には、何《なに》が さいて いますか。

＿＿＿＿ が 水《みず》をやったばかりの ＿＿＿＿ が さいています。

2

(1) すみれちゃんは、どんな ようすで ノートを 見《み》ましたか。

＿＿＿＿。 ＿＿＿＿。

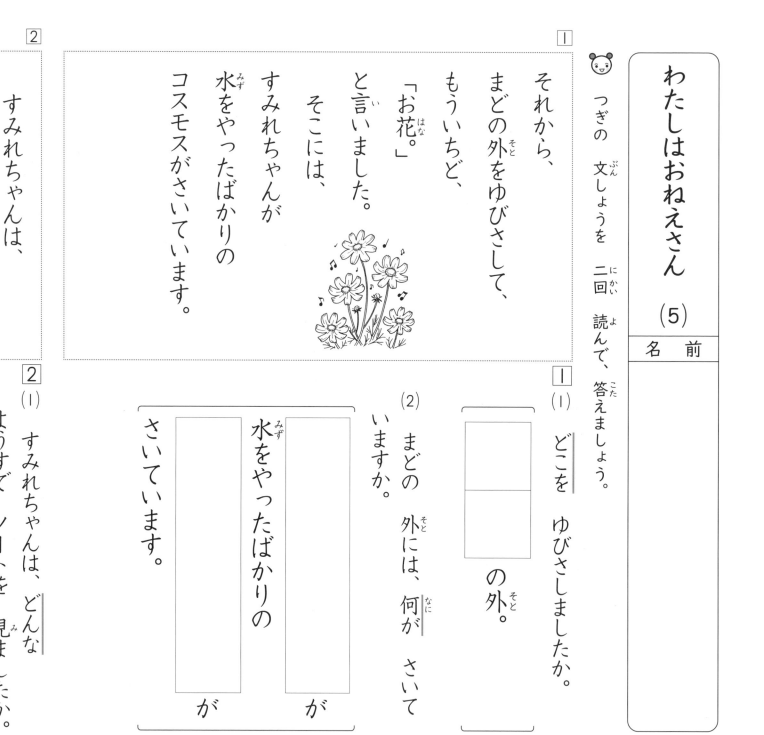

わたしはおねえさん (6)

名前

つぎの 文《ぶん》しょうを 二回《にかい》 読《よ》んで、答《こた》えましょう。

「あはは。」
すみれちゃんは
わらいだしました。
コスモスになんか
ちっとも見《み》えない
㋐ぐちゃぐちゃの絵《え》が、
かわいく
見《み》えてきたのです。
「あはは。」
と、かりんちゃんも
わらいだしました。

(1) ㋐ぐちゃぐちゃの絵《え》とは、何《なに》を かいた 絵《え》ですか。

(2) すみれちゃんが わらいだした のは、なぜですか。

コスモスになんか見《み》えない ＿＿＿ の
絵《え》が、＿＿＿
見《み》えてきたから。

(3) すみれちゃんが わらいだすと、かりんちゃんは どう しましたか。

（令和二年度版 光村図書 こくご二下 赤とんぼ いしい むつみ）

わたしはおねえさん (7)

名前

つぎの 文《ぶん》しょうを 二回《にかい》 読《よ》んで、答《こた》えましょう。

それから、ふたりで
たくさんわらってわらって、
わらいおわると、
すみれちゃんは言《い》いました。
「じゃあ、かりん。
こんどは ㋐ねえねが
おべんきょうするから、
ちょっとどいてね。」
「㋑いいよ。」

(令和二年度版 光村図書 こくご二下 赤とんぼ いしい むつみ)

(1) それから、ふたりで どう しましたか。

(2) ㋐ねえねとは、だれの こと ですか。

(3) すみれちゃんは、わらい おわると、何《なに》を すると 言《い》い ましたか。

(4) ㋑いいよと 言《い》ったのは、だれ ですか。

わたしはおねえさん (8)

名前

つぎの 文《ぶん》しょうを 二回《にかい》 読《よ》んで、答《こた》えましょう。

1

かりんちゃんが
いすから下《お》りて、
そのいすに
すみれちゃんが
すわりました。

2

すみれちゃんは、
ふでばこから
けしゴムを出《だ》して、
かりんちゃんがかいた絵《え》を
けそうとしました。
けしかけて、
でも　けすのをやめて、
すみれちゃんは、
つぎの　ページを
ひらきました。

（令和二年度版　光村図書　こくご二下　赤とんぼ　いしい　むつみ）

1

(1) かりんちゃんが　いすから　下《お》りると、すみれちゃんは　どう　しましたか。

そのいすに
すみれちゃんが
［　　　　　　］。

2

(1) すみれちゃんが　けそうと　した　ものは、何《なん》ですか。

［　　　　　　］が
かいた［　　　］。

(2) すみれちゃんは、かりんちゃんが　かいた　絵《え》を　どう　しましたか。
○を　つけましょう。

（　）けすのを　やめようとして、でも　けした。

（　）けしかけて、でも　けすのを　やめた。

スーホの白《しろ》い馬《うま》 (1)

名前

つぎの　あらすじと　きょうか書《しょ》の　つぎの　文《ぶん》を　二回《にかい》　読《よ》んで、答《こた》えましょう。

むかし、中国《ちゅうごく》の　北《きた》の　方《ほう》、モンゴルの　草原《そうげん》に、スーホと　いう、まずしい　ひつじかいの　少年《しょうねん》が　おばあさんと　ふたりきりで、くらして　いました。ある日《ひ》、スーホは、生《う》まれたばかりの、小《ちい》さな　白《しろ》い　馬《うま》を　だきかかえて、帰《かえ》って　きました。子馬《こうま》は、体《からだ》は　雪《ゆき》のように　白《しろ》く、きりっと　引《ひ》きしまって、すくすくと　そだちました。ある　年《とし》の　春《はる》、とのさまが、町《まち》で　けい馬《ば》の　大会《たいかい》を　ひらいて、一等《いっとう》に　なった　ものに、むすめと　けっこんさせると　いう　知《し》らせが　つたわって　きて、スーホも　けい馬《ば》に　出《で》る　ことに　なりました。スーホの　のった　白馬《しろうま》は、一等《いっとう》に　なりました。ところが、とのさまは、スーホから　白馬《しろうま》を　とり上《あ》げると、大《おお》いばりで　帰《かえ》りました。白馬《しろうま》を　みんなに　見《み》せびらかしたくて　たまりません。

そこで、ある日《ひ》のこと、
とのさまは、…

から

…みんなに見《み》せてやることに
しました。

まで

※さかもり…人《ひと》びとが　あつまって、さけを　のんで　楽《たの》しむ　こと。

(1) とのさまは、だれを　たくさん　よびましたか。

(2) そのさいちゅうと　ありますが、どういう　いみですか。一《ひと》つに　○を　つけましょう。

(　) さかもりを　はじめた　とき。
(　) さかもりを　して　いる　とき。
(　) さかもりが　おわった　とき。

(3) とのさまは、白馬《しろうま》に　のって、どう　する　ことに　しましたか。

白馬《しろうま》に　のって、みんなに

ことにしました。

スーホの白《しろ》い馬《うま》 (2)

名前

きょうか書《しょ》の　つぎの　文《ぶん》を　二回《にかい》　読《よ》んで、答《こた》えましょう。

1

家来《けらい》たちが、白馬《しろうま》を引《ひ》いてきました。…

から

…おそろしい　いきおいではね上《あ》がりました。

まで

2

とのさまは、じめんにころげおちました。…

から

…風《かぜ》のようにかけだしました。

まで

1

(1) 家来《けらい》たちが、何《なに》を　引《ひ》いて　きましたか。

(2) そのときと　ありますが、どんな　ときですか。○を　つけましょう。

(　) 家来《けらい》たちが、白馬《しろうま》を　引《ひ》いて　きた　とき。

(　) とのさまが、白馬《しろうま》に　またがった　とき。

2

(1) とのさまは、どう　なりましたか。

じめんに　　　　。

(2) 白馬《しろうま》は、とのさまの　手《て》から　たずなを　ふりはなすと、どう　しましたか。

さわぎ立《た》てるみんなの間《あいだ》をぬけて、　　　　のように　　　　。

スーホの白《しろ》い馬《うま》（3）

名前

きょうか書《しょ》の　つぎの　文《ぶん》を　二回《にかい》　読《よ》んで、答《こた》えましょう。

1

「とのさまは、
おき上《あ》がろうと
もがきながら、…」

から

「…つかまらないなら、
弓《ゆみ》でいころしてしまえ。」

まで

2

「家来《けらい》たちは、いっせいに…」

から

「…白馬《しろうま》には
とてもおいつけません。」

まで

1

(1) 大声《おおごえ》で　どなりちらしたのは、だれですか。

(2) あいつとは、だれですか。一《ひと》つに○を　つけましょう。

（　）白馬《しろうま》

（　）とのさま

（　）家来《けらい》たち

2

(1) 家来《けらい》たちは、どう　しましたか。

いっせいに　　　　。

(2) 家来《けらい》たちは、何《なに》に　おいつけませんか。

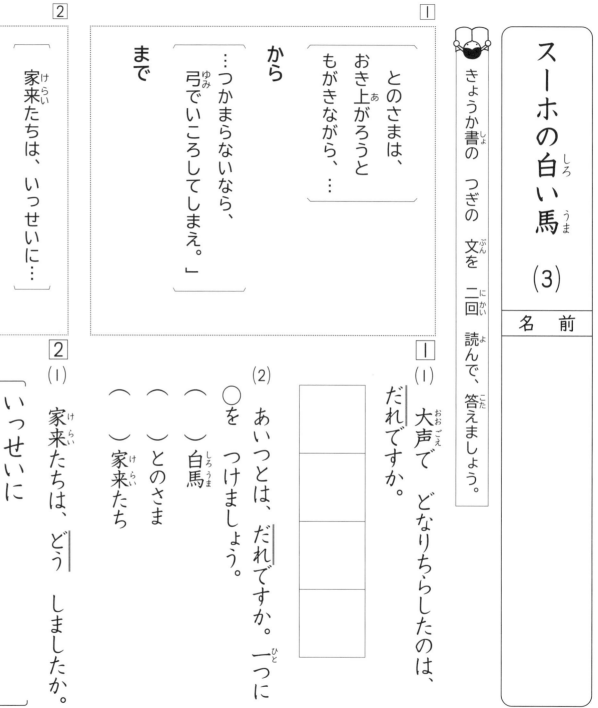

スーホの白《しろ》い馬《うま》 (4)

名　前

きょうか書《しょ》の　つぎの　文《ぶん》を　二回《にかい》　読《よ》んで、答《こた》えましょう。

1

家来《けらい》たちは、弓《ゆみ》を引《ひ》きしぼり、…

から

…矢《や》は、うなりを立《た》てて　とびました。

まで

2

白馬《しろうま》の　せには、つぎつぎに、…

から

…白馬《しろうま》は走《はし》りつづけました。

まで

※せ…せなかの　こと。

1

(1) 家来《けらい》たちは、弓《ゆみ》を　どう　しましたか。

弓《ゆみ》を ＿＿＿＿、

いっせいに矢《や》を ＿＿＿＿。

(2) 矢《や》は、どう　なりましたか。

矢《や》は、

立《た》てて ＿＿＿＿ を ＿＿＿＿。

2

(1) どこに　矢《や》が　ささりましたか。

＿＿＿＿

(2) 白馬《しろうま》は　どう　しましたか。

＿＿＿＿

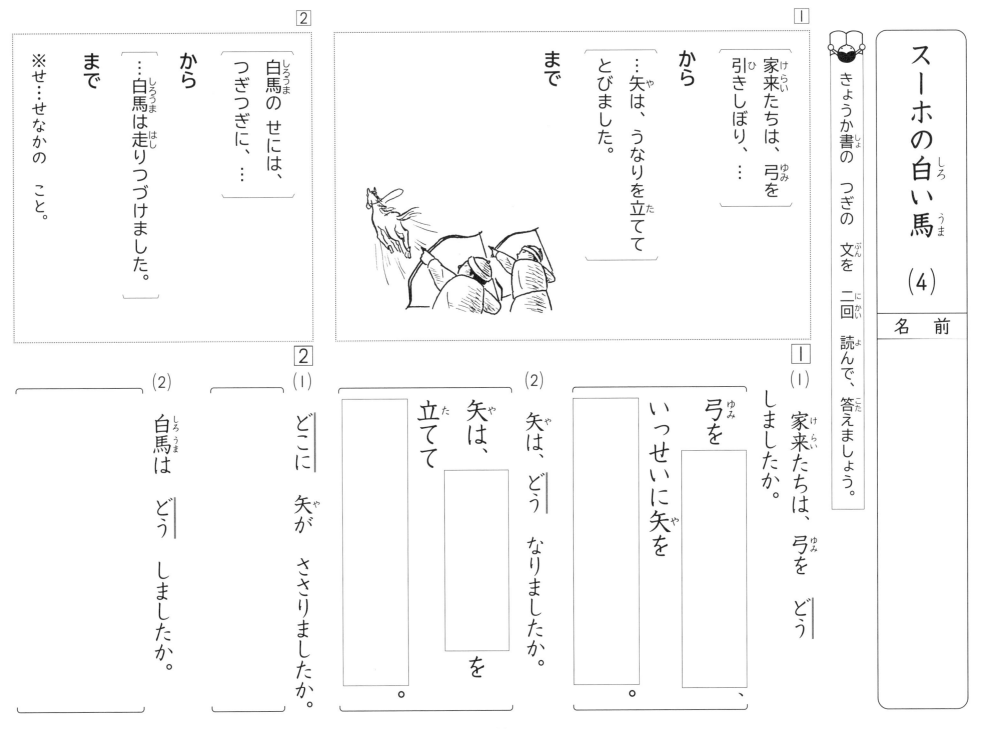

スーホの白《しろ》い馬《うま》 (5)

名前

きょうか書《しょ》の　つぎの　文《ぶん》を　二回《にかい》　読《よ》んで、答《こた》えましょう。

1

そのばんのことです。スーホがねようとしていたとき、…

から

…カタカタ、カタカタカタと、もの音《おと》がつづいています。

まで

2

ようすを見《み》に出《で》ていったおばあさんが…

から

…「白馬《しろうま》だよ。うちの白馬《しろうま》だよ。」

まで

1

(1) スーホが　ねようと　して　いた　とき、どこで　音《おと》が　しましたか。

[　　　]の方《ほう》で　音《おと》がしました。

(2) 外《そと》の　方《ほう》で　音《おと》が　した　とき、スーホは、何《なん》と　言《い》いましたか。

「[　][　][　]。」

2

(1) さけび声《ごえ》を　上《あ》げたのは、だれですか。

(2) おばあさんが、さけび声《ごえ》を　上《あ》げたのは　なぜですか。

スーホの白《しろ》い馬《うま》 (6)

名前

きょうか書《しょ》の つぎの 文《ぶん》を 二回《にかい》 読《よ》んで、答《こた》えましょう。

1

「スーホははねおきて、かけていきました。…」

から

「…あせが、たきのように ながれおちています。」

まで

2

「白馬《しろうま》は、ひどいきずを うけながら、…」

から

「…大《だい》すきなスーホのところへ 帰《かえ》ってきたのです。」

まで

1

(1) スーホが かけて いくと、何《なに》が いましたか。

[　　　　]

(2) 白馬《しろうま》の 体《からだ》は、どんな ようすでしたか。二《ふた》つに ○を つけましょう。

（　）矢《や》が何本《なんぼん》もつきささっていた。

（　）矢《や》が一本《いっぽん》だけつきささっていた。

（　）あせが、たきのように ながれおちていた。

2

(1) 白馬《しろうま》は、どんなふうに スーホの ところへ 帰《かえ》って きたのですか。

白馬《しろうま》は、ひどい [　　　　] を うけながら、走《はし》って、走《はし》って、[　　　　] スーホのところへ 帰《かえ》ってきたのです。

スーホの白《しろ》い馬《うま》 (7)

名前

きょうか書《しょ》の　つぎの　文《ぶん》を　二回《にかい》　読《よ》んで、答《こた》えましょう。

1

スーホは、はを食《く》いしばり
ながら、…

から

…「白馬《しろうま》、ぼくの白馬《しろうま》、
しなないでおくれ。」

まで

※きず口《ぐち》…きずついた　ところ。

2

でも、白馬《しろうま》は、
弱《よわ》りはてていました。…

から

…目《め》の光《ひかり》もきえて
いきました。

まで

1

(1) スーホは、どんなふうに　矢《や》を　ぬきましたか。

[　　　]を　[　　　]ながら

矢《や》をぬきました。

(2) 白馬《しろうま》に　ささって　いる　矢《や》を　ぬくと、どう　なりましたか。

[　　　]

2

(1) 白馬《しろうま》が、弱《よわ》って　いく　ようすに　あてはまる　ことばを　書《か》きましょう。

[　　　]は、だんだん

[　　　]なり、

[　　　]も

きえていきました。

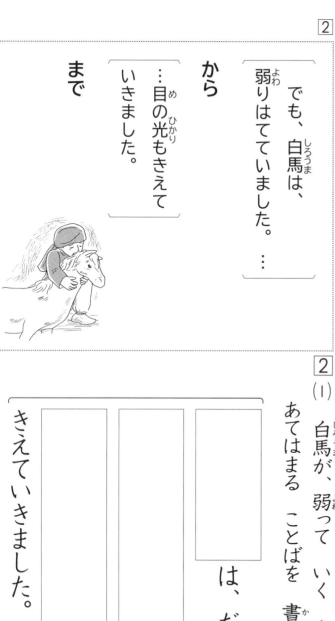

スーホの白い馬《しろ》《うま》 (8)

名前

きょうか書《しょ》の　つぎの　文《ぶん》を　二回《にかい》　読《よ》んで、答《こた》えましょう。

「そして、つぎの日《ひ》、白馬《しろうま》は、しんでしまいました。…」

から

「…そして、やさしくスーホに話《はな》しかけました。」

まで

(1) つぎの　日《ひ》、白馬《しろうま》は、どう　なりましたか。

(2) スーホが　ねむれなかったのは、どんな　気《き》もちからでしたか。

□□□□と□□□□。

(3) スーホは、だれの　ゆめを　見《み》ましたか。

□の　ゆめ

(4) ゆめの　中《なか》で、スーホが　なでて　やると、白馬《しろうま》は、どう　しましたか。二《ふた》つに　○を　つけましょう。

（　）とろとろと　ねむりこみました。
（　）スーホの　ゆめを　見《み》ました。
（　）体《からだ》を　すりよせました。
（　）スーホに　話《はな》しかけました。

スーホの白《しろ》い馬《うま》 (9)

名前

きょうか書《しょ》の　つぎの　文《ぶん》を　二回《にかい》　読《よ》んで、答《こた》えましょう。

スーホは、白馬《しろうま》の　ゆめを　見《み》ました。白馬《しろうま》は、やさしく　スーホに　話《はな》しかけました。

「そんなにかなしまないでください。……

から

……いつまでもあなたのそばにいられますから。」

まで

(1) 白馬《しろうま》は、スーホに　何《なに》を　作《つく》ってくださいと　言《い》いましたか。

(2) 何《なに》を　つかって、がっきを 作《つく》りますか。四《よっ》つ　書《か》きましょう。

①

②

③

④

(3) わたしとは、だれですか。

(4) あなたとは、だれですか。

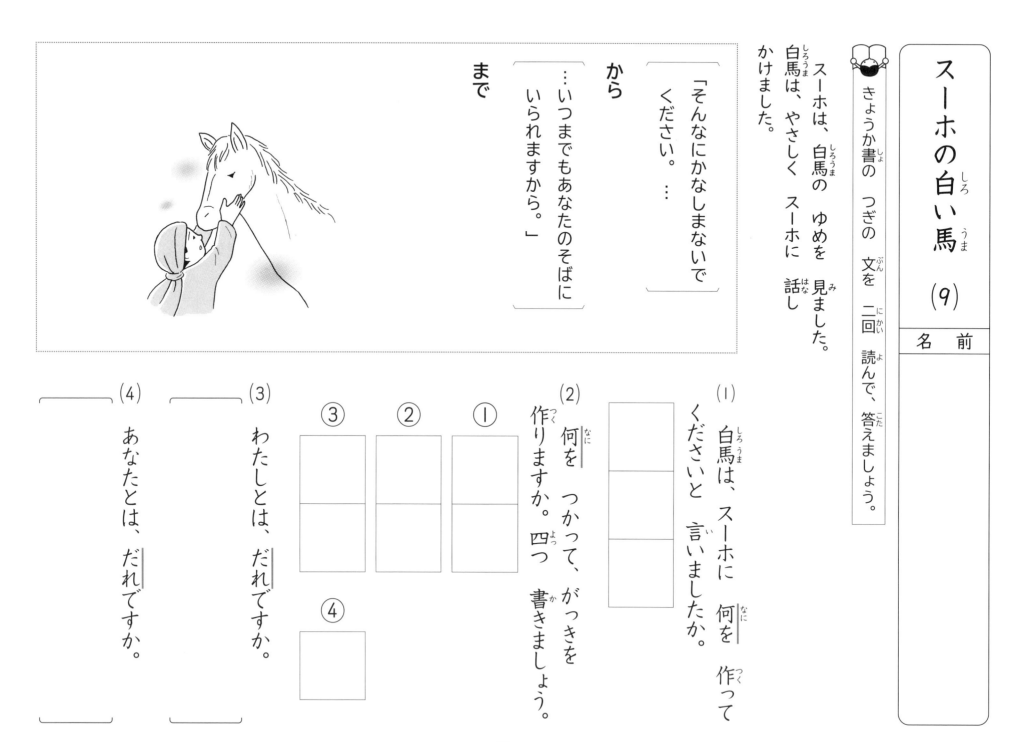

スーホの白《しろ》い馬《うま》 ⑽

名　前

きょうか書《しょ》の　つぎの　文《ぶん》を　二回《にかい》　読《よ》んで、答《こた》えましょう。

「スーホは、ゆめから
さめると、…」

から

「…がっきは
できあがりました。
これが馬頭琴《ばとうきん》です。」

まで

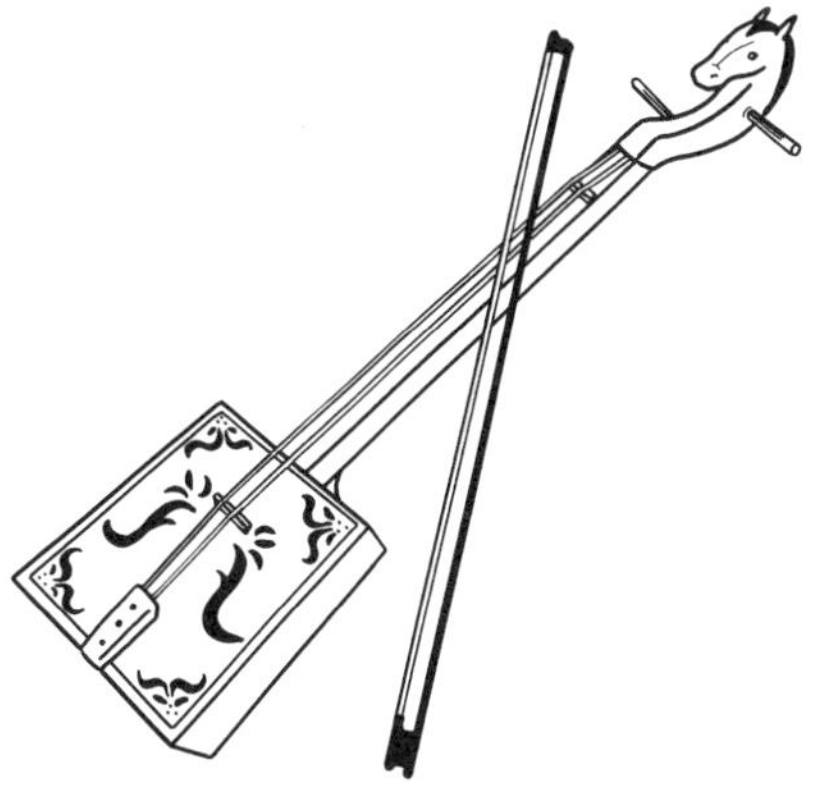

(1) スーホは、ゆめから　さめると、すぐ、何《なに》を　はじめましたか。

［　　　］を
作《つく》りはじめました。

(2) ほねや　かわや、すじや　毛《け》を　どんなふうに　組《く》み立《た》てて　いきましたか。

ゆめで、［　　　］が
［　　　］
とおりに、
ほねやかわや、すじや毛《け》を、
［　　　］で
組《く》み立《た》てていきました。

(3) がっきの　名前《なまえ》は　何《なん》と　いい　ますか。

［　　　］

スーホの白《しろ》い馬《うま》 (11)

名前

きょうか書《しょ》の　つぎの　文《ぶん》を　二回《にかい》　読《よ》んで、答《こた》えましょう。

1

スーホは、どこへ行《い》くときも、この馬頭琴《ばとうきん》をもっていきました。…

から

…かけ回《まわ》った楽《たの》しさを思《おも》い出《だ》しました。

まで

2

そして、スーホは、自分《じぶん》のすぐわきに…

から

…聞《き》く人《ひと》の心《こころ》をゆりうごかすのでした。

まで

1

(1) それを　ひくたびにと　ありますが、それとは、何《なん》ですか。

［　　　　］

(2) 馬頭琴《ばとうきん》を　ひくたびに、スーホは、何《なに》を　思《おも》い出《だ》しましたか。

白馬《しろうま》をころされた［　　　　］や、白馬《しろうま》にのって草原《そうげん》をかけ回《まわ》った［　　　　］を思《おも》い出《だ》しました。

2

(1) 馬頭琴《ばとうきん》を　ひくたびに、スーホは、どんな　気《き》が　しましたか。

すぐわきに［　　　　］がいるような　気《き》がしました。

(2) がっきの　音《おと》は、何《なに》を　ゆりうごかすのでしたか。

［　　　　］の　心《こころ》

スーホの白《しろ》い馬《うま》 (12)

名前

きょうか書《しょ》の つぎの 文《ぶん》を 二回《にかい》 読《よ》んで、答《こた》えましょう。

1

やがて、スーホの作《つく》り出《だ》した…

から

…草原中《そうげんじゅう》に広《ひろ》まりました。

まで

2

そして、ひつじかいたちは、夕方《ゆうがた》になると、…

から

…一日《いちにち》のつかれをわすれるのでした。

まで

1

(1) 馬頭琴《ばとうきん》は、どこに 広《ひろ》まりましたか。

広《ひろ》い ＿＿ の ＿＿ 中《じゅう》に 広《ひろ》まりました。

2

(1) 夕方《ゆうがた》に なると、あつまるのはだれですか。

(2) うつくしい 音《おと》に 耳《みみ》を すますと、どう なるのでしたか。

＿＿ の ＿＿ を わすれるのでした。

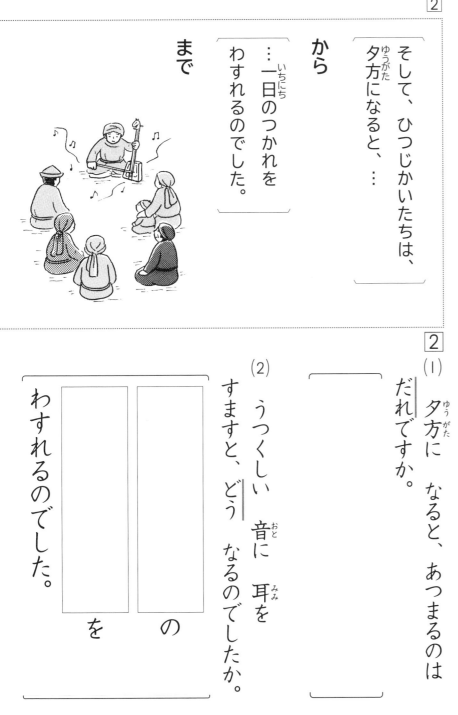

あまやどり

名　前

つぎの しを 二回《にかい》 読《よ》んで、答《こた》えましょう。

あまやどり

つるみ まさお

1

ゆうだち ふって きた
あっちから きみが
こっちから ぼくが
あたまを かかえて
(ア)とびこんだ
大《おお》きな 木《き》の かさ
きみの かさ
ぼくの かさ
の したで

2

ゆうだち はれちゃった
あっち いく きみと
こっち いく ぼくと
にっこり わらって
あくしゅした
大《おお》きな 木《き》の かさ
きみの かさ
ぼくの かさ
の したで

※ゆうだち……なつの 夕方《ゆうがた》などに、きゅうに はげしく ふり 出《だ》して、すぐに やむ 雨《あめ》。

（令和二年度版 東京書籍 新しい国語 二下 つるみ まさお）

(1) あまやどりとは、どういう いみですか。一《ひと》つに ○を つけましょう。

（　）雨《あめ》が かからない ところで、雨《あめ》が やむのを まつ こと。

（　）雨《あめ》が ふるのを ねがう こと。

（　）雨《あめ》に たくさん ぬれる こと。

(2) 1の (ア)とびこんだに ついて 答《こた》えましょう。

① どんなふうに (ア)とびこんだのですか。

［　　　　］を かかえて とびこんだ

② どこに (ア)とびこんだのですか。

［　　　　］木《き》の した

(3) 2の きみと ぼくは、大《おお》きな 木《き》の したで 何《なに》を しましたか。

［　　　　］わらって ［　　　　］した

ビーバーの　大工事《だいこうじ》（１）

名前

つぎの　あらすじと　文《ぶん》しょうを　二回《にかい》　読《よ》んで、答《こた》えましょう。

北《きた》アメリカの　大《おお》きな　森《もり》の　中《なか》の　川《かわ》の　ほとりで、ビーバーが、するどい　歯《は》で　木《き》の　みきを　かじって　います。木《き》が　地《じ》ひびきを　立《た》てて　たおれます。

1

ドシーン、ドシーン。
あちらでも　こちらでも、ポプラや　やなぎの　木《き》が　つぎつぎに　たおされて　いきます。

2

ビーバーは、切《き》りたおした　木《き》を、さらに　みじかく　かみ切《き》り、ずるずると　川《かわ》の　方《ほう》に　引《ひ》きずって　いきます。そして、木《き》を　しっかりと　くわえた　まま、上手《じょうず》に　およいで　いきます。

（令和二年度版　東京書籍　新しい国語　二下　なかがわ　しろう）

1

(1)　ビーバーに　たおされて　いる　木《き》の　名前《なまえ》を　書《か》きましょう。

・

・

(2)　木《き》が　たおれる　音《おと》を　文中《ぶんちゅう》から　書《か》き出《だ》しましょう。

2

(1)　ビーバーは、切《き》りたおした　木《き》を　どう　しますか。ビーバーが　する　じゅんばんを（　）に　書《か》きましょう。

（　）㋐　川《かわ》の　方《ほう》に　引《ひ》きずって　いく。

（　）㋑　木《き》を　しっかりと　くわえた　まま、上手《じょうず》に　およいで　いく。

（１）㋒　みじかく　かみ切《き》る。

ビーバーの 大工事《だいこうじ》 (2)

名前

つぎの 文《ぶん》しょうを 二回《にかい》 読《よ》んで、答《こた》えましょう。

1

ビーバーは、ゆびと ゆびの 間《あいだ》に じょうぶな 水《みず》かきが ある 後《うし》ろあしで、ぐいぐいと 体《からだ》を おしすすめます。㋐おは、オールのような 形《かたち》を して いて、上手《じょうず》に かじを とります。

※かじを とる…正《ただ》しい 方《ほう》に すすむ。

※お…しっぽ

※後《うし》ろあし

2

ビーバーは、木《き》を ㋑くわえた まま、水《みず》の 中《なか》へ もぐって いきます。そうして、㋒木《き》の とがった 方《ほう》を 川《かわ》の そこに さしこんで、ながれないように します。

1

(1) じょうぶな 水《みず》かきは、何《なに》と 何《なに》の 間《あいだ》に ありますか。

□□ と □□ の 間《あいだ》に あります。

(2) ビーバーの ㋐おは、どの ような 形《かたち》を して いますか。

□ のような 形《かたち》。

2

(1) ビーバーは、何《なに》を ㋑くわえた まま、水《みず》の 中《なか》へ もぐって いきますか。

□

(2) ビーバーは、㋒木《き》の とがった 方《ほう》を どこに さしこみますか。

川《かわ》の □□ 。

（令和二年度版 東京書籍 新しい国語 二下 なかがわ しろう）

ビーバーの 大工事《だいこうじ》 (3)

名前

つぎの 文《ぶん》しょうを 二回《にかい》 読《よ》んで、答《こた》えましょう。

1

その 上《うえ》に 小《こ》えだを つみ上《あ》げて いき、上《うえ》から 石《いし》で おもしを して、どろで しっかり かためて いきます。

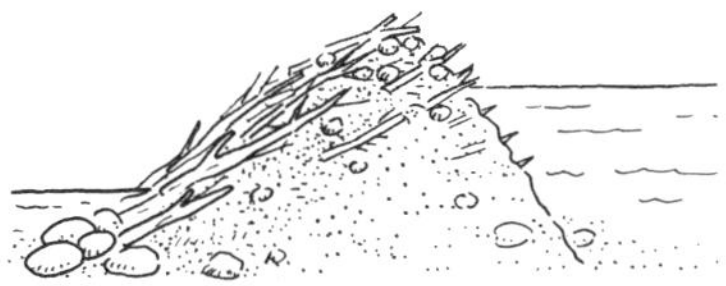

2

家族《かぞく》の ビーバーたちも、はこんで きた 木《き》を つぎつぎに ならべ、石《いし》と どろで しっかりと かためて いきます。

(令和二年度版 東京書籍 新しい国語 二下 なかがわ しろう)

1 ビーバーが した ことを 三《みっ》つ 書《か》きましょう。

① □□□を つみ上《あ》げる。

② □で おもしを する。

③ □□で かためて いく。

2 家族《かぞく》の ビーバーたちは、何《なに》を どう しますか。二《ふた》つ 書《か》きましょう。

① □を つぎつぎに □ます。

② □と □で □と □いきます。

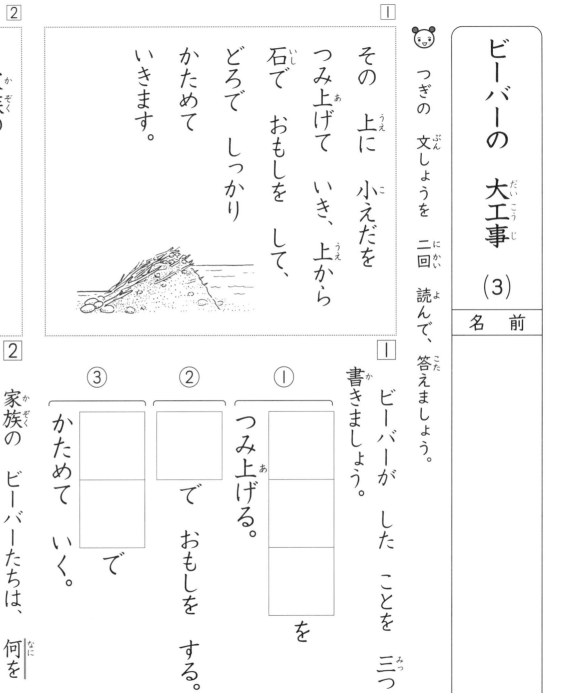

ビーバーの 大工事《だいこうじ》 (4)

名前

つぎの 文《ぶん》しょうを 二回《にかい》 読《よ》んで、答《こた》えましょう。

一度《いちど》 もぐった ビーバーは、ふつうで 五分間《ごふんかん》、長《なが》い ときには 十五分間《じゅうごふんかん》も 水《みず》の 中《なか》に います。

ビーバーは、夕方《ゆうがた》から 夜中《よなか》まで、㋐家族《かぞく》そう出《で》で しごとを つづけます。

※家族《かぞく》そう出《で》…家族《かぞく》が みんなで。

（令和二年度版 東京書籍 新しい国語 二下 なかがわ しろう）

(1) ビーバーは、水《みず》の 中《なか》に どれくらいの 時間《じかん》、もぐって いますか。

① ふつうの とき 〔　　　〕

② 長《なが》い とき 〔　　　〕

(2) ビーバーは、いつから いつまで、しごとを しますか。

〔　　　〕から 〔　　　〕まで。

(3) ㋐家族《かぞく》そう出《で》とは、どういう いみですか。いみに 合《あ》った れい文《ぶん》に ○を つけましょう。

(　)家族《かぞく》 みんなで、大《おお》そうじを する。

(　)おかあさんと 妹《いもうと》が 買《か》いものに 行《い》く。

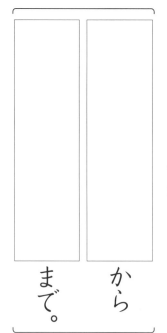

ビーバーの 大工事《だいこうじ》 (5)

名前

つぎの 文《ぶん》しょうを 二回《にかい》 読《よ》んで、答《こた》えましょう。

こうして、
つみ上《あ》げられた
木《き》と 石《いし》と どろは、
一方《いっぽう》の 川岸《かわぎし》から
はんたいがわの 川岸《かわぎし》まで、
少《すこ》しずつ のびて いき、
やがて 川《かわ》の 水《みず》を
せき止《と》める りっぱな
ダムが できあがります。

※せき止《と》める…水《みず》の ながれを 止《と》める。

（令和二年度版 東京書籍 新しい国語 二下 なかがわ しろう）

(1) 何《なに》が つみ上《あ》げられましたか。三《みっ》つ 書《か》きましょう。

・
・
・

(2) 木《き》と 石《いし》と どろは、一方《いっぽう》の 川岸《かわぎし》から どこまで のびて いきますか。

　　　の 川岸《かわぎし》まで。

(3) ビーバーは、川《かわ》に 何《なに》を 作《つく》って いた ことが わかりますか。

りっぱな　　　。

(4) ダムの やくわりは、何《なん》ですか。文中《ぶんちゅう》から 書《か》き出《だ》しましょう。

川《かわ》の　　　を　　　。

かさこじぞう (1)

名前

つぎの あらすじと 文《ぶん》しょうを 二回《にかい》 読《よ》んで、答《こた》えましょう。

じいさまと ばあさまが いました。びんぼうで、明日《あした》 お正月《しょうがつ》が くると いうのに、もちの よういも できません。じいさまは、「何《なに》か 売《う》る ものが ないかな。」と、ざしきを 見回《みまわ》しましたが、何《なに》も ありませんでした。

1

ばあさまは 土間《どま》の 方《ほう》を 見《み》ました。すると、夏《なつ》の 間《あいだ》に かりとって おいた すげが つんで ありました。

※すげ…細《ほそ》くて 長《なが》い 草《くさ》。

2

Ⓐ「じいさま じいさま、かさこ こさえて、町《まち》さ 売《う》りに 行《い》ったら、もちこ 買《か》えんかのう。」

「おお おお、それが ええ。Ⓐそう しよう。」

※こさえる…作《つく》る。

1

(1) 土間《どま》の 方《ほう》を 見《み》たのは、だれですか。

(2) 土間《どま》には 何《なに》が つんで ありましたか。

□ の 間《あいだ》に かり とって おいた □。

2

(1) Ⓐは、だれが 言《い》った ことばですか。

(2) Ⓐそう しようとは、どう する ことですか。○を つけましょう。

( )かさを 作《つく》って、町《まち》に 売《う》りに 行《い》って、もちを 買《か》う。

( )もちを 作《つく》って、町《まち》に 売《う》りに 行《い》って、かさを 買《か》う。

（令和二年度版 東京書籍 新しい国語 二下 いわさき きょうこ）

※「かさこじぞう」の教材は、令和二年度版 教育出版 ひろがることば 小学国語 二下 にも掲載されています。

かさこじぞう (2)

名前

つぎの 文《ぶん》しょうを 二回《にかい》 読《よ》んで、答《こた》えましょう。

1

そこで、じいさまと ばあさまは 土間《どま》に 下《お》り、ざんざら すげを そろえました。
そして、せっせと すげがさを あみました。

2

かさが 五《いつ》つ できると、じいさまは ㋐それを しょって、
「帰《かえ》りには、もちこ ㋑買《か》って くるで。にんじん、ごんぼも しょって くるでのう。」
と 言《い》うて、
出《で》かけました。

※もちこ…もち　※ごんぼ…ごぼう

（令和二年度版　東京書籍　新しい国語　二下　いわさき　きょうこ）

1

(1) じいさまと ばあさまが、土間《どま》に 下《お》りて した ことは、何《なん》ですか。

① ざんざら ＿＿＿＿ を ＿＿＿＿。

② せっせと ＿＿＿＿ を ＿＿＿＿。

2

(1) ㋐それとは、何《なに》ですか。

五《いつ》つの ＿＿＿＿。

(2) じいさまは、何《なに》を ㋑買《か》って くると 言《い》って 出《で》かけましたか。文中《ぶんちゅう》の ことばで 三《みっ》つ 書《か》き出《だ》しましょう。

＿＿＿＿

※「かさこじぞう」の教材は、令和二年度版　教育出版　ひろがることば　小学国語　二下 にも掲載されています。

かさこじぞう (3)

名前

つぎの 文《ぶん》しょうを 二回《にかい》 読《よ》んで、答《こた》えましょう。

町《まち》には 大年《おおどし》の市《いち》が
立《た》って いて、
正月買《しょうがつか》いもんの 人《ひと》で
大《おお》にぎわいでした。
うすや きねを 売《う》る
店《みせ》も あれば、山《やま》から
まつを 切《き》って きて、
売《う》って いる 人《ひと》も
いました。
「ええ、まつは
いらんか。
おかざりの
まつは
いらんか。」

※大年《おおどし》の市《いち》…大《おお》みそかに ある
市《いち》の こと。
※市《いち》…人《ひと》が あつまって、ものを
売《う》ったり 買《か》ったり する こと。

（令和二年度版 東京書籍 新しい国語 二下 いわさき きょうこ）

(1) 町《まち》には 何《なん》の市《いち》が 立《た》って いましたか。

［　　　　］の市《いち》

(2) 町《まち》は どんな 人《ひと》で 大《おお》にぎわい でしたか。

［　　　　］の 人《ひと》。

(3) 町《まち》では、どんな ものを 売《う》って いましたか。三《みっ》つ 書《か》きましょう。

・［　　］

・［　　］

・おかざりの［　　］

※「かさこじぞう」の教材は、令和二年度版 教育出版 ひろがることば 小学国語 二下 にも掲載されています。

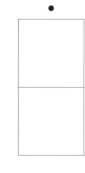

かさこじぞう (4)

名前

つぎの 文《ぶん》しょうを 二回《にかい》 読《よ》んで、答《こた》えましょう。

1

じいさまも、㋐声《こえ》を はり上《あ》げました。
「ええ、かさや かさやあ。
かさこは いらんか。」
けれども、だれも
ふりむいて くれません。
しかたなく、じいさまは
帰《かえ》る ことに しました。

2

「年《とし》こしの 日《ひ》に、
かさこなんか
買《か》う もんは
おらんのじゃろ。
ああ、㋑もちこも
もたんで 帰《かえ》れば、
ばあさまは がっかり
するじゃろうのう。」

（令和二年度版 東京書籍 新しい国語 二下 いわさき きょうこ）

1

(1) ㋐声《こえ》を はり上《あ》げましたとは、どういう ようすですか。一《ひと》つに ○を つけましょう。

（　）小《ちい》さな 声《こえ》で こっそり 話《はな》す。

（　）せいいっぱい 大《おお》きな 声《こえ》を 出《だ》す。

（　）上《うえ》を 見《み》ながら 話《はな》しかける。

(2) じいさまの かさは、売《う》れましたか、売《う》れませんでしたか。

かさは ＿＿＿＿。

2

(1) じいさまは、㋑もちこも もたんで 帰《かえ》れば、ばあさまは どんな 気《き》もちに なると 思《おも》いましたか。

ばあさまは □□□□ するだろうと 思《おも》いました。

※「かさこじぞう」の教材は、令和二年度版 教育出版 ひろがることば 小学国語 二下 にも掲載されています。

かさこじぞう (5)

名前

つぎの 文《ぶん》しょうを 二回《にかい》 読《よ》んで、答《こた》えましょう。

1

いつのまにか、日《ひ》も
くれかけました。
　じいさまは、
㋐とんぼり　とんぼり
町《まち》を　出《で》て、
村《むら》の　外《はず》れの
野《の》っ原《ぱら》まで
来《き》ました。

2

　風《かぜ》が　出《で》て　きて、
ひどい　ふぶきに
なりました。
　ふと　顔《かお》を　上《あ》げると、
道《みち》ばたに　㋑じぞうさまが
六人《ろくにん》　立《た》って　いました。

（令和二年度版　東京書籍　新しい国語　二下　いわさき　きょうこ）

1

(1) ㋐とんぼり　とんぼりとは、どんな　ようすですか。一《ひと》つに　○を　つけましょう。

（　）元気《げんき》なく　歩《ある》く　ようす。
（　）元気《げんき》よく　歩《ある》く　ようす。
（　）とんだり　はねたり　して　歩《ある》く　ようす。

(2) じいさまは、町《まち》を　出《で》て、どこまで　来《き》ましたか。

村《むら》の　外《はず》れの　［　　　　］　まで。

2

(1) ㋑じぞうさまに　ついて　答《こた》えましょう。

① どこに　立《た》って　いましたか。

［　　　　］

② 何人《なんにん》　立《た》って　いましたか。

［　　］人《にん》

※「かさこじぞう」の教材は、令和二年度版　教育出版　ひろがることば　小学国語　二下
にも掲載されています。

かさこじぞう (6)

名前

つぎの 文《ぶん》しょうを 二回《にかい》 読《よ》んで、答《こた》えましょう。

1

おどうは なし、
木《き》の かげも なし、
㋐ふきっさらしの
野《の》っ原《ぱら》なもんで、
じぞうさまは
かたがわだけ
雪《ゆき》に うもれて
いるのでした。

2

(あ)「おお、お気《き》のどくにな。
さぞ つめたかろうのう。」
じいさまは、
じぞうさまの おつむの
雪《ゆき》を かきおとしました。

※お気《き》のどく…かわいそうに
※おつむ…頭《あたま》

（令和二年度版　東京書籍　新しい国語　二下　いわさき　きょうこ）

1

(1) ㋐ふきっさらしとは、どういう いみですか。一《ひと》つに ○を つけましょう。

(　)風《かぜ》が すこし ふく。
(　)風《かぜ》が ふきはじめる ようす。
(　)風《かぜ》が ビュービュー あたる ところ。

(2) じぞうさまは、どんな ようすで、雪《ゆき》に うもれて いるのでしたか。

雪《ゆき》に [　　　] だけ うもれて いるのでした。

2

(1) (あ)は、だれが 言《い》った ことばですか。

[　　　]

(2) じいさまは、何《なに》を かきおとしましたか。

じぞうさまの [　　　]。

※「かさこじぞう」の教材は、令和二年度版　教育出版　ひろがることば　小学国語　二下　にも掲載されています。

かさこじぞう (7)

名　前

つぎの 文《ぶん》しょうを 二回《にかい》 読《よ》んで、答《こた》えましょう。

1

「こっちの じぞうさまは、
ほおべたに しみを
こさえて。
それから、
この じぞうさまは
どうじゃ。
はなから
つららを 下《さ》げて
ござらっしゃる。」

※ほおべた…ほほ

2

じいさまは、ぬれて
つめたい じぞうさまの
かたやら せなやらを
なでました。
「そうじゃ。
この かさこを
かぶって
くだされ。」

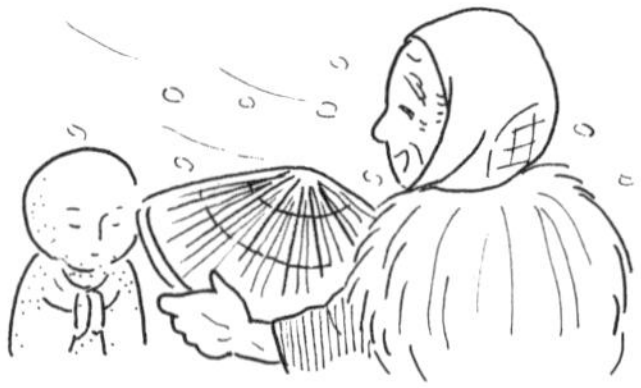

※せな…せなか

（令和二年度版 東京書籍 新しい国語 二下 いわさき きょうこ）

1

(1) じぞうさまの ようすを 文中《ぶんちゅう》の ことばで 書《か》きましょう。

・□□□□ に □□ を こさえて。

・□□ から □□□ を 下《さ》げて ござらっしゃる。

2

(1) じいさまが、じぞうさまに した ことは、何《なに》ですか。

かたやら せなやらを ＿＿＿＿。

(2) じいさまは、じぞうさまに 何《なに》を かぶって もらおうと しましたか。

□□□

※「かさこじぞう」の教材は、令和二年度版 教育出版 ひろがることば 小学国語 二下 にも掲載されています。

かさこじぞう (8)

つぎの 文《ぶん》しょうを 二回《にかい》 読《よ》んで、答《こた》えましょう。

名前

じいさまは、売《う》りものの かさを じぞうさまに かぶせると、風《かぜ》で とばぬよう、しっかり あごの ところで むすんで あげました。

ところが、じぞうさまの 数《かず》は 六人《ろくにん》、かさこは 五《いつ》つ。どうしても ㋐足《た》りません。

（令和二年度版 東京書籍 新しい国語 二下 いわさき きょうこ）

(1) じいさまの した ことは、どんな ことですか。

① 売《う》りものの かさを ＿＿＿＿。

② 風《かぜ》で とばぬよう、しっかり ＿＿＿＿ の ところで ＿＿＿＿ あげました。

(2) じぞうさまと かさこの 数《かず》は それぞれ どれだけですか。

・じぞうさま ＿＿＿＿ 人《にん》

・かさこ ＿＿＿＿ つ

(3) ㋐足《た》りませんと ありますが、何《なに》が 足《た》りないのですか。

＿＿＿＿

※「かさこじぞう」の教材は、令和二年度版 教育出版 ひろがることば 小学国語 二下 にも掲載されています。

かさこじぞう (9)

名前

つぎの 文《ぶん》しょうを 二回《にかい》 読《よ》んで、答《こた》えましょう。

じいさまは、じぞうさまに かさを かぶせて いきましたが、一《ひと》つ 足《た》りません。

「おらので わりいが、
こらえて くだされ。」
じいさまは、自分《じぶん》の
つぎはぎの 手《て》ぬぐいを
とると、いちばん
しまいの じぞうさまに
かぶせました。
(あ)「これで ええ、
これで ええ。」
そこで、㋐やっと
安心《あんしん》して、うちに
帰《かえ》りました。

※つぎはぎ…きものなどの やぶれた ところに、べつの ぬのを あてたり する こと。
※しまい…さいご

(令和二年度版 東京書籍 新しい国語 二下 いわさき きょうこ)

(1) じぞうさまに、じいさまは 何《なに》を しましたか。上《うえ》の 文《ぶん》しょうで、した ことが 書《か》かれて いる 一文《いちぶん》に ——線《せん》を 引《ひ》きましょう。

(2) (あ)は、だれが 言《い》った ことばですか。

(3) ㋐やっと 安心《あんしん》してと ありますが、安心《あんしん》したのは だれですか。

(4) じぞうさまが どう なったから 安心《あんしん》したのですか。

※「かさこじぞう」の教材は、令和二年度版 教育出版 ひろがることば 小学国語 二下 にも掲載されています。

ないた 赤《あか》おに (1)

名前

つぎの あらすじと 文《ぶん》しょうを 二回《にかい》 読《よ》んで、答《こた》えましょう。

心《こころ》の やさしい 赤《あか》おにが いました。赤《あか》おには 人間《にんげん》たちと なかよく くらして いきたいと 思《おも》って いました。そこで ある 日《ひ》、赤《あか》おには 立《た》てふだに 字《じ》を 書《か》いて 戸口《とぐち》の 前《まえ》に 立《た》てました。

1

心《こころ》の やさしい おにの
うちです。
どなたでも おいで
ください。
おいしい おかしが
ございます。
お茶《ちゃ》も わかして
ございます。

赤《あか》おに

2

つぎの 日《ひ》、村《むら》の きこりが 二人《ふたり》、通《とお》りかかって、立《た》てふだの 字《じ》に 気《き》が つきました。㋐読《よ》んで みました。

あ「やあ、おにが、おかしと お茶《ちゃ》とを ごちそうすると 書《か》いて ある。」

い「本当《ほんとう》だろうか。」

（令和二年度版 東京書籍 新しい国語 二下 はまだ ひろすけ）

1 (1) だれが、立《た》てふだを 立《た》てましたか。

2 (1) ㋐読《よ》んで みましたと ありますが、何《なに》を 読《よ》んで みましたか。

(2) あいは、だれが 言《い》った ことばですか。

あ

い

※「ないた 赤おに」の教材は、令和二年度版 教育出版 ひろがることば 小学国語 二下 にも掲載されています。

ないた　赤《あか》おに　(2)

名前

つぎの　文《ぶん》しょうを　二回《にかい》　読《よ》んで、答《こた》えましょう。

1

「㋐うっかりと　おにの
うちには　入《はい》れない。
うまく　だまして
つかまえて　食《く》う
つもりかも　しれないよ。」
「なるほど　なるほど、
あぶないや。
とっつかまれば
㋑それっきり。」

2

「ためしに　そっと
戸口《とぐち》から　中《なか》を
のぞいて　みようかい。」
「うん。㋒そう　やって、
それから　入《はい》るか
入《はい》らないかを
きめようや。」

（令和二年度版　東京書籍　新しい国語　二下　はまだ　ひろすけ）

1

(1) ㋐うっかりとは、どういう　ようすですか。○を　つけましょう。

（　）ぼんやりして　気《き》づかない　ようす。

（　）そう　しようと　して　する　ようす。

(2) ㋑それっきりの　つづきには、どちらの　文《ぶん》が　入《はい》ると　思《おも》いますか。○を　つけましょう。

（　）食《く》われてしまうかもしれないよ。

（　）おかしと　お茶《ちゃ》とを　ごちそうして　もらえるよ。

2

(1) ㋒そう　やってと　ありますが、どう　する　ことですか。

そっと　［　　］から　［　　］を　のぞいて　みる　こと。

※「ないた　赤おに」の教材は、令和二年度版　教育出版　ひろがることば　小学国語　二下　にも掲載されています。

ないた 赤《あか》おに (3)

名前

つぎの 文《ぶん》しょうを 二回《にかい》 読《よ》んで、答《こた》えましょう。

とうじょう人《じん》ぶつ
赤《あか》おに・二人《ふたり》の きこり

1

二人《ふたり》の きこりが
話《はな》して いるのを、
赤《あか》おには 家《いえ》の 中《なか》から
耳《みみ》を すまして
㋐聞《き》いて いました。

赤《あか》おに

※耳《みみ》を すます…
心《こころ》を おちつけて、じっと 気《き》を
つけて 聞《き》く ようす。

2

こそこそ話《ばなし》を 聞《き》きとって、
㋑正直者《しょうじきもの》の 赤《あか》おには、
むっと しながら 思《おも》いました。

※こそこそ話《ばなし》…人《ひと》に しられないように、
かくれて する 話《はなし》。

※正直者《しょうじきもの》…人《ひと》を だましたり、うそを
言《い》ったりしない 人《ひと》。

（令和二年度版 東京書籍 新しい国語 二下 はまだ ひろすけ）

1 ㋐聞《き》いて いましたに ついて 答《こた》えましょう。

(1) だれが ㋐聞《き》いて いましたか。

（　　　　）

(2) ㋐どこから どんなふうに 聞《き》いて いましたか。

（　　　　）から （　　　　）を （　　　　）聞《き》いて いました。

2 ㋑正直者《しょうじきもの》の はんたいの いみは どれですか。一《ひと》つに ○を つけましょう。

（　）やさしい 人《ひと》。
（　）しっかり した 人《ひと》。
（　）うそを つく 人《ひと》。

※「ないた 赤おに」の教材は、令和二年度版 教育出版 ひろがることば 小学国語 二下 にも掲載されています。

ないた　赤《あか》おに　(4)

名前

つぎの　文《ぶん》しょうを　二回《にかい》　読《よ》んで、答《こた》えましょう。

1

とうじょう人《じん》ぶつ

赤《あか》おに・二人《ふたり》の　きこり

(あ)「だれが、だまして、人間《にんげん》を　とっつかまえて食《く》うものか。ぐつぐつしないで　㋐さっさと入《はい》って　くるが　よい。」

赤《あか》おに

2

赤《あか》おには　まちきれなくて、まどから　顔《かお》を出《だ》しました。

「そら、出《で》た、おにが。」

㋑「たいへん、にげろ。」

二人《ふたり》は

どんどん

かけだしました。

赤《あか》おに

（令和二年度版　東京書籍　新しい国語　二下　はまだ　ひろすけ）

1

(1) (あ)は　だれが　言《い》った　ことばですか。

(2) ㋐さっさと　同《おな》じ　いみの　ことばは　どれですか。一《ひと》つに　○を　つけましょう。

（　）のんびり

（　）すばやく

（　）しずかに

2

(1) まどから　顔《かお》を　出《だ》したのは　だれですか。

(2) ㋑たいへん、にげろと　言《い》って、二人《ふたり》は、どう　しましたか。

どんどん　　　　。

※「ないた　赤おに」の教材は、令和二年度版　教育出版　ひろがることば　小学国語　二下にも掲載されています。

ないた 赤《あか》おに (5)

名前

つぎの 文《ぶん》しょうを 二回《にかい》 読《よ》んで、答《こた》えましょう。

とうじょう人《じん》ぶつ
赤《あか》おに・二人《ふたり》の きこり

1

ⓐ「おおい、おまちよ。
にげなくても いい。
もどって おいで。」
おには、そう
よび立《た》てました。
㋐二人《ふたり》は にげて
もう 見《み》えません。

2

おには おこって
立《た》てふだを ぬいて
ぽきんと おりました。
ふみつけました。

（令和二年度版 東京書籍 新しい国語 二下 はまだ ひろすけ）

1

(1) ⓐは だれが 言《い》った ことばですか。

（　　　　）

(2) ㋐二人《ふたり》は どう なりましたか。文中《ぶんちゅう》から 書《か》き出《だ》しましょう。

にげて もう （　　　　）。

2

(1) おこった おにが した ことを じゅんばんに 書《か》きましょう。

① （　　　　）を ぬきました。
→ ② 立《た》てふだを ぽきんと （　　　　）。
→ ③ 立《た》てふだを （　　　　）。

※「ないた 赤おに」の教材は、令和二年度版 教育出版 ひろがることば 小学国語 二下 にも掲載されています。

ないた 赤《あか》おに (6)

名前

つぎの 文《ぶん》しょうを 二回《にかい》 読《よ》んで、答《こた》えましょう。

青《あお》おにが 赤《あか》おにに よびかけて います。

1

すると その とき
㋐おにの 友《とも》だちの 青《あお》おにが
「おおい、おおい。」
と、㋑よびかけながら
ずんずんと
こちらを さして
やってきました。

青《あお》おに

※ずんずん…いきおいよく 早《はや》く すすむ ようす。

2

雲《くも》に のって
青《あお》おには、
むこうの 山《やま》から、
あそびに 来《き》たので
ありました。
(あ)「きみ、何《なん》だって、そんな
らんぼうして いるの。」

（令和二年度版 東京書籍 新しい国語 二下 はまだ ひろすけ）

1

(1) ㋐おにとは、どちらの おにですか。○を つけましょう。

（ ）赤《あか》おに　（ ）青《あお》おに

(2) ㋑よびかけながらと ありますが、①だれが ②だれに よびかけたのですか。

① だれ(が)

② だれ(に)

2

(1) 青《あお》おには、何《なに》を しに 来《き》たのですか。

(2) (あ)は、①だれが ②だれに 言《い》った ことばですか。

① だれ(が)

② だれ(に)

※「ないた 赤おに」の教材は、令和二年度版 教育出版 ひろがることば 小学国語 二下 にも掲載されています。

ないた 赤《あか》おに (7)

名前

つぎの 文《ぶん》しょうを 二回《にかい》 読《よ》んで、答《こた》えましょう。

青《あお》おには、どうして 立《た》てふだを こわしているのかを、赤《あか》おにに 聞《き》きました。

青《あお》おにが 来《き》て、そう 聞《き》くと、㋐頭《あたま》を かいて 赤《あか》おには —— ㋑人間《にんげん》と なかよくしたいと 考《かんが》えて、木《き》の 立《た》てふだを 立《た》てた こと、だが、人間《にんげん》は うたぐって、よりつかないと いう ことを みんな ㋒そっくり 話《はな》しました。

（令和二年度版 東京書籍 新しい国語 二下 はまだ ひろすけ）

(1) ㋐頭《あたま》を かいて ありますが、なぜ、この とき、赤《あか》おには 頭《あたま》を かいたと 思《おも》いますか。○を つけましょう。

（ ）頭《あたま》が かゆかったから。

（ ）自分《じぶん》の した ことが はずかしかったから。

(2) ㋑人間《にんげん》と なかよくしたいと 考《かんが》えたのは、だれですか。

［　　　　］

(3) 赤《あか》おには、木《き》の 立《た》てふだを 立《た》てましたが、人間《にんげん》は どう しましたか。

うたぐって、［　　　　］。

(4) ここでの ㋒そっくりとは、どういう いみですか。一《ひと》つに ○を つけましょう。

（ ）ぜんぶ

（ ）よく にている

（ ）いっしょに

※「ないた 赤おに」の教材は、令和二年度版 教育出版 ひろがることば 小学国語 二下 にも掲載されています。

ないた 赤《あか》おに (8)

名前

つぎの 文《ぶん》しょうを 二回《にかい》 読《よ》んで、答《こた》えましょう。

赤《あか》おには、人間《にんげん》と なかよくしたいが よりつかないと いう 話《はなし》を 青《あお》おにに しました。

「なんだい。そうか。
そんなら ㋐ぼくが
これから 村《むら》に 出《で》て
いって、うんと あばれる。
そこへ ㋑きみが やって
きて、ぼくの 頭《あたま》を
ぽかぽか なぐれ。
㋒そう やれば、
人間《にんげん》たちは
安心《あんしん》して きみの
ところに やってくる。
ねえ、そうだろう。
はかりごとだよ。さあ、
それじゃ、一足《ひとあし》 先《さき》に
ぼくが 行《い》く。きみは
後《あと》から やってこい。」

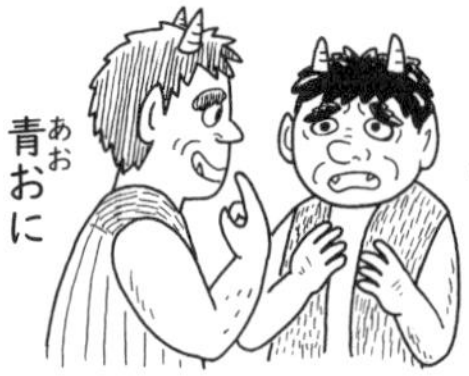

※はかりごと…人《ひと》を だます 計画《けいかく》。

（令和二年度版 東京書籍 新しい国語 二下 はまだ ひろすけ）

(1) ㋐ぼくと ㋑きみは、それぞれ だれですか。

㋐ぼく （　　　　）

㋑きみ （　　　　）

(2) ㋒そう やればとは、どういう ことですか。○を つけましょう。

（　）あばれて いる 青《あお》おにの 頭《あたま》を 赤《あか》おにが ぽかぽか なぐる こと。

（　）青《あお》おにと 赤《あか》おにで いっしょに あばれる こと。

(3) ㋒そう やれば、人間《にんげん》たちは どう すると 言《い》って いますか。

［　　　　］して ［　　　　］の ところに ［　　　　］。

※「ないた 赤おに」の教材は、令和二年度版 教育出版 ひろがることば 小学国語 二下 にも掲載されています。

てんとうむし

名前

つぎの　しを　二回《にかい》　読《よ》んで、答《こた》えましょう。

てんとうむし

かわさき　ひろし

いっぴきでも
てんとうむしだよ
ちいさくても
ぞうと　おなじ　いのちを
いっこ　もっている
㋐ぼくを　みつけたら
こんにちはって　いってね
そしたら　ぼくも
てんとうむしの　ことばで
こんにちはって　いうから
きみには　きこえないけど

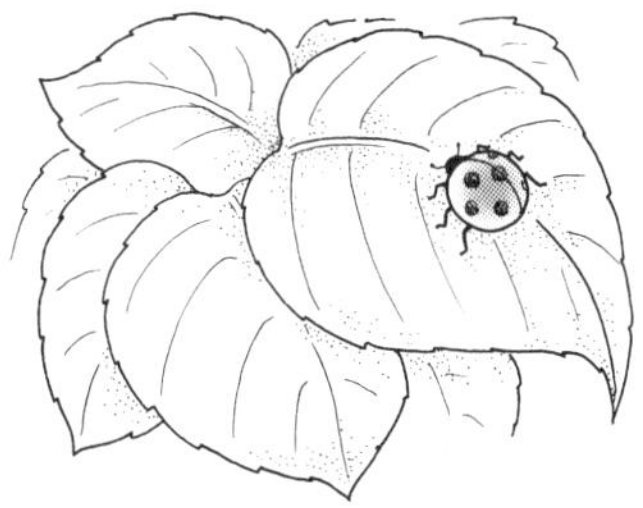

（令和二年度版　教育出版　ひろがることば　小学国語　二下　かわさき　ひろし）

(1) てんとうむしは、ちいさくても　ぞうと　おなじ　何《なに》を　何《なん》こ　もって　いますか。

（□□□）を（□□□）もっている

(2) ㋐ぼくに　ついて　答《こた》えましょう。

① ㋐ぼくとは、だれですか。

（　　　　）

② ㋐ぼくを　みつけたら　何《なん》と　いって　ほしいのですか。

（　　　　）

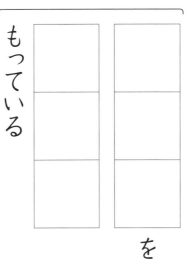

木《き》

つぎの しを 二回《にかい》 読《よ》んで、答《こた》えましょう。

名前

木《き》

しみず たみこ

㋐木《き》は いいな、
ことりが とまりに くるから。
ぼく、
㋑木《き》に なりたい。
ぼくの 木《き》に、
すずめが たくさん とまりに きたら、
うれしくて、
くすぐったくて、
からだじゅうの はっぱを ちらちらさせて、
わらっちゃう。

（令和二年度版 教育出版 ひろがることば 小学国語 二下 しみず たみこ）

(1) ㋐木《き》は いいなと ありますが、なぜ いいのですか。

［　　　　］が ［　　　　］くるから。

(2) ぼくは、何《なに》に なりたいのですか。

［　　　　］

(3) ㋑ぼくの 木《き》に、すずめが たくさん とまりに きたら、どう なると 書《か》かれて いますか。三《みっ》つに ○を つけましょう。

（　）うれしい。
（　）かなしい。
（　）くすぐったい。
（　）わらっちゃう。

主語《しゅご》と 述語《じゅつご》 (1)

名前

文《ぶん》の 中《なか》の、「何《なに》が・何《なに》は・だれが・だれは」に 当《あ》たる ことばを 主語《しゅご》と いいます。「どうする・どんなだ・何《なに》だ」に 当《あ》たる ことばを 述語《じゅつご》と いいます。

(1) つぎの ことばを 書《か》いて、おぼえましょう。

① 主語《しゅご》

② 述語《じゅつご》

(2) つぎの 文《ぶん》を 読《よ》んで、主語《しゅご》に ◯、述語《じゅつご》に ——線《せん》を 引《ひ》きましょう。

① からすが なく。

② 外《そと》は さむい。

③ コロッケは おいしい。

④ 妹《いもうと》が わらう。

⑤ 今日《きょう》は 雨《あめ》だ。

⑥ 月《つき》が きれいだ。

主語《しゅご》と 述語《じゅつご》 (2)

名前

(1) つぎの 文《ぶん》を 読《よ》んで、主語《しゅご》に ◯、述語《じゅつご》に ——線《せん》を 引《ひ》きましょう。

① わたしは 学校《がっこう》へ 行《い》く。

② ぞうは とても 大《おお》きい。

③ 犬《いぬ》が ワンワンと ほえる。

④ 弟《おとうと》が ボールを なげる。

⑤ 兄《あに》が 本《ほん》を 読《よ》む。

⑥ 友《とも》だちが 家《いえ》に 来《く》る。

(2) つぎの 文《ぶん》を 読《よ》んで、主語《しゅご》に ◯、述語《じゅつご》に ——線《せん》を 引《ひ》きましょう。

① 赤《あか》い 花《はな》が さく。

② 明日《あした》の 天気《てんき》は 雪《ゆき》だ。

③ 小《ちい》さな こまが 回《まわ》る。

④ つよい 風《かぜ》が ふく。

⑤ ぼくの 姉《あね》は やさしい。

⑥ この ガムは あまい。

主語《しゅご》と 述語《じゅつご》 (3)

名前

● つぎの 文《ぶん》を 読《よ》んで、主語《しゅご》に ◯、述語《じゅつご》に ——線《せん》を 引《ひ》きましょう。

① ねこが ねずみを おいかける。

② わたしの 妹《いもうと》は 二年生《にねんせい》です。

③ 赤《あか》ちゃんは とても かわいい。

④ うしは 草《くさ》を 食《た》べる。

⑤ 電車《でんしゃ》が えきに つく。

⑥ きれいな 花火《はなび》が 上《あ》がる。

⑦ これは 楽《たの》しい あそびだ。

⑧ にっこりと 先生《せんせい》が わらう。

⑨ やっぱり おばけは こわい。

⑩ 金曜日《きんようび》は ぼくの たん生日《じょうび》だ。

主《しゅ》語《ご》と 述《じゅつ》語《ご》 (4)

名　前

(1) つぎの 文《ぶん》を 読《よ》んで、主《しゅ》語《ご》に ◯、述《じゅつ》語《ご》に ——線《せん》を 引《ひ》きましょう。

① ちょうが 黄《き》色《いろ》い 花《はな》に 止《と》まる。

② トラックが おもい にもつを はこびます。

③ プレゼントは 大《おお》きな くまの ぬいぐるみだ。

(2) つぎの 文《ぶん》を 読《よ》んで、主《しゅ》語《ご》に ◯、述《じゅつ》語《ご》に ——線《せん》を 引《ひ》きましょう。

① わたしの 姉《あね》は 四《し》月《がつ》から 中学生《ちゅうがくせい》だ。

② 近《ちか》くの 公園《こうえん》は とても 広《ひろ》い。

③ きのう ゆいさんは 手《て》紙《がみ》を 書《か》きました。

(3) つぎの 文《ぶん》を 読《よ》んで、主《しゅ》語《ご》に ◯、述《じゅつ》語《ご》に ——線《せん》を 引《ひ》きましょう。

① 花《か》だんに さいた 花《はな》は チューリップです。

② あの 高《たか》い 山《やま》が ふじ山《さん》だ。

③ お母《かあ》さんの やいた パンは おいしい。

主語《しゅご》と 述語《じゅつご》 (5)

名前

● つぎの 文《ぶん》を 読《よ》んで、主語《しゅご》に ◯、述語《じゅつご》に ——線《せん》を 引《ひ》きましょう。

① お父《とう》さんは つめたい コーヒーを のむ。

② とおくで かみなりが ゴロゴロと なる。

③ おばあちゃんに もらった みかんは あまい。

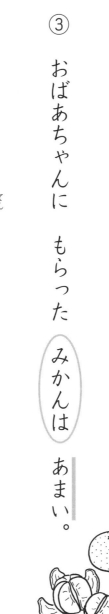

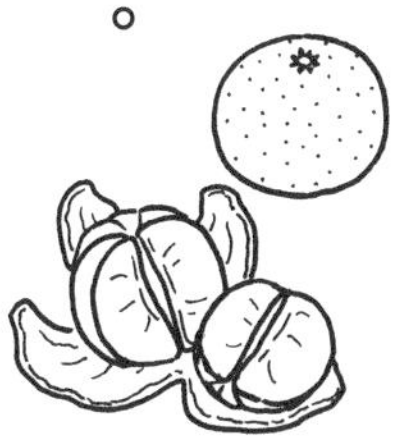

④ あげたての 天《てん》ぷらは あつあつで おいしい。

⑤ 家《いえ》の 前《まえ》に 車《くるま》が 止《と》まる。

⑥ わたしは スーパーへ おつかいに 行《い》きました。

⑦ 白《しろ》い 鳥《とり》が 空《そら》を とぶ。

⑧ 妹《いもうと》は ひまわりの 絵《え》を かいた。

⑨ わたしの すきな くだものは いちごです。

⑩ 先生《せんせい》が もんだいを 黒《こく》ばんに 書《か》いた。

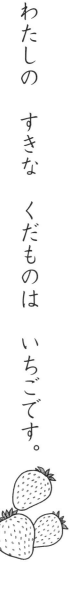

主語《しゅご》と 述語《じゅつご》(6)

名前

● つぎの 文《ぶん》を 読《よ》んで、主語《しゅご》に ○、述語《じゅつご》に ——線《せん》を 引《ひ》きましょう。

① かぶと虫《むし》は こん虫《ちゅう》だ。

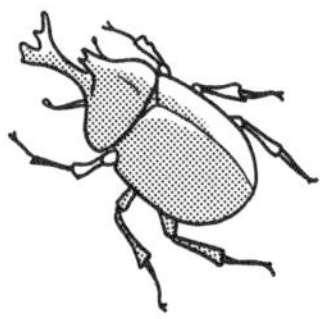

② ぼくの おじさんは けいさつかんだ。

③ この ケーキを 作《つく》ったのは お母《かあ》さんです。

④ 友《とも》だちの 声《こえ》が とおくから 聞《き》こえる。

⑤ 先生《せんせい》が 名前《なまえ》を よびました。

⑥ コスモスの 花《はな》びらを 兄《あに》が 数《かぞ》える。

⑦ ピーマンは みどり色《いろ》を した やさいだ。

⑧ となりの 家《いえ》の 子犬《こいぬ》が 生《う》まれる。

⑨ さるが 木《き》から おちる。

⑩ かけ算《ざん》の テストは かんたんだ。

主語《しゅご》と 述語《じゅつご》 (7)

名前

● つぎの 文《ぶん》を 読《よ》んで、主語《しゅご》に ○、述語《じゅつご》に ——線《せん》を 引《ひ》きましょう。

① この 本《ほん》は おもしろい。

② 車《くるま》が 広《ひろ》い みちを 通《とお》る。

③ わたしの 母《はは》の しごとは かんごしです。

④ 赤《あか》と 青《あお》の 線《せん》が まじわります。

⑤ 後《うし》ろの 人《ひと》が ゆっくりと ふりかえる。

⑥ 赤《あか》ちゃんが ミルクを のむ。

⑦ クッキーは おいしい。

⑧ 空《そら》を とぶ のりものは ひこうきだ。

⑨ きれいな ほし空《ぞら》が 見《み》える。

⑩ 弟《おとうと》は かぜで 学校《がっこう》を 休《やす》んだ。

おくりがな (1)

名前

● 生と 下の かん字《じ》と おくりがなを 二《に》回《かい》ずつ 書《か》きましょう。

① 生

生《う》まれる
生《い》きる
生《い》かす
生《は》える
生《は》やす

② 下

下《さ》がる
下《さ》げる
下《くだ》る
下《お》りる
下《お》ろす

おくりがな (2)

名前

● おくりがなに 気《き》を つけて、つぎの かん字《じ》を つかって 書《か》きましょう。

① 生

・うまれる　生まれる
・いきる
・いかす
・はえる
・はやす

② 下

・さがる
・さげる
・くだる
・おりる
・おろす

おくりがな (3)

名前

● つぎの かん字《じ》と おくりがなを 二回《にかい》ずつ 書《か》きましょう。

① 上

上がる《あ》　上る《のぼ》　上げる《あ》

② 入

入れる《い》　入る《はい》

③ 明

明かり《あ》　明るい《あか》　明ける《あ》

④ 出

出る《で》　出す《だ》

おくりがな (4)

名　前

● おくりがなに　気《き》を　つけて、つぎの　かん字《じ》を　つかって　書《か》きましょう。

① 上

・あがる　上がる

・のぼる

・あげる

② 入

・いれる

・はいる

③ 明

・あかり

・あかるい

・あける

④ 出

・でる

・だす

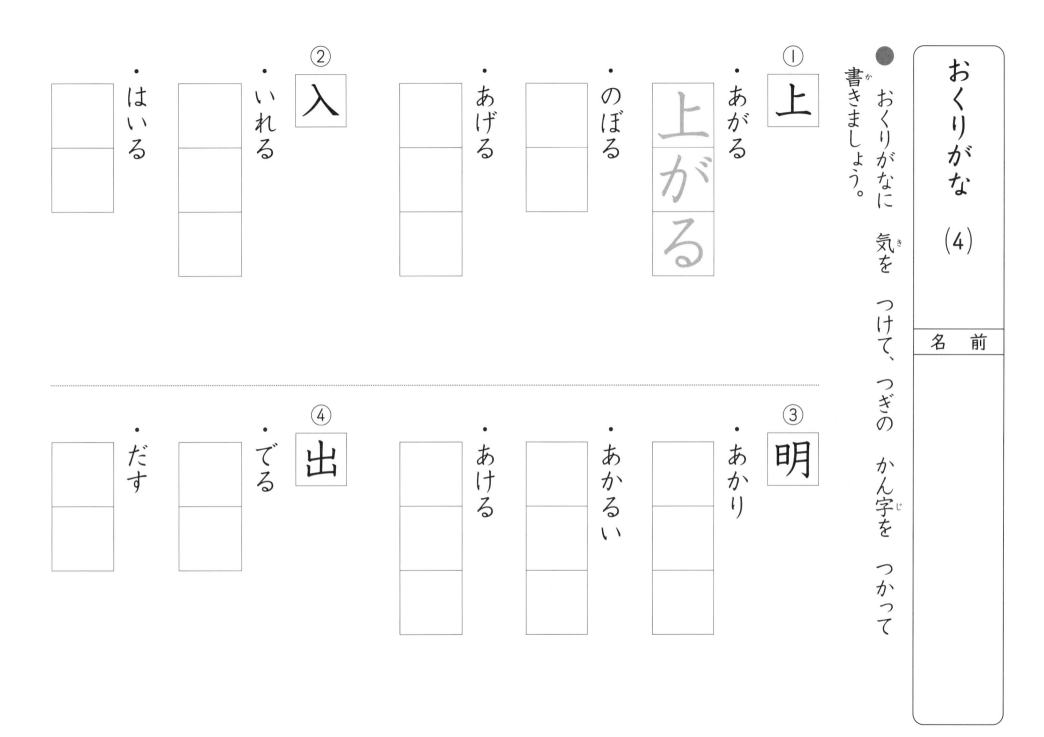

おくりがな　(5)

名　前

● つぎの　かん字《じ》と　おくりがなを　二回《にかい》ずつ　書《か》きましょう。

① 後

後ろ（うしろ）

後（あと）

② 細

細い（ほそい）

細かい（こまかい）

③ 教

教える（おしえる）

教わる（おそわる）

④ 行

行く（いく）

行う（おこなう）

⑤ 通

通う（かよう）

通す（とおす）

おくりがな (6)

名前

● おくりがなに 気《き》を つけて、つぎの かん字《じ》を つかって 書《か》きましょう。

① 後

・うしろ　後ろ

・あと

② 細

・ほそい

・こまかい

③ 教

・おしえる

・おそわる

④ 行

・いく

・おこなう

⑤ 通

・かよう

・とおす

かん字《じ》の 読《よ》み方《かた》 (1)

名前

● つぎの □の かん字《じ》を、読《よ》み方《かた》に 気《き》を つけて、——線《せん》の 読《よ》み方《かた》を 書《か》きましょう。

① 九

わたしは、九月《がつ》 九日《か》に、九さいに なる。

（く）（ここの）（きゅう）

② 山

むこうに 見《み》える 山は、ふじ山です。

（やま）（さん）

③ 日

つぎの 休《きゅう》日は、五《ご》月《がつ》三《みっ》日の 火《か》曜《よう》日だ。

（じつ）（か）（び）

④ 名

こまの 名人《じん》の 名前《まえ》を よんだ。

（めい）（な）

⑤ 先

この れつの 先に、先生《せい》が います。

（さき）（せん）

⑥ 水

バケツに 水道《どう》の 水を くむ。

（すい）（みず）

かん字《じ》の 読《よ》み方《かた》 (2)

名 前

● つぎの □の かん字《じ》を、読《よ》み方《かた》に 気《き》を つけて、――線《せん》の 読《よ》み方《かた》を 書《か》きましょう。

① 九

わたしは、九月《がつ》 九日《か》に、九さいに なる。

② 山

むこうに 見《み》える 山は、ふじ山です。

③ 日

つぎの 休《きゅう》日は、五《ご》月《がつ》三《みっ》日の 火《か》曜《よう》日だ。

④ 名

こまの 名人《じん》の 名前《まえ》を よんだ。

⑤ 先

この れつの 先に、先生《せい》が います。

⑥ 水

バケツに 水道《どう》の 水を くむ。

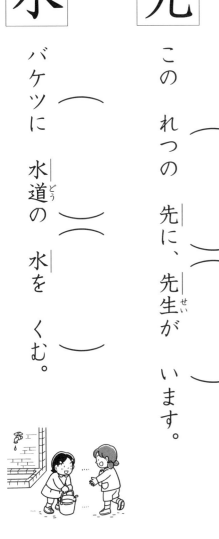

かん字《じ》の 読《よ》み方《かた》 (3)

名前

● つぎの □の かん字《じ》を、読《よ》み方《かた》に 気《き》を つけて、——線《せん》の 読《よ》み方《かた》を 書《か》きましょう。

① 長

校《こう》長先生《せんせい》と、長い 時間《じかん》 話《はな》す。

（ちょう）（なが）

② 音

音楽《がく》室《しつ》から、ピアノの 音が 聞《き》こえる。

（おん）（おと）

③ 食

きゅう食で、カレーライスを 食べました。

（しょく）（た）

④ 家

となりの 家は、空《あ》き家だ。

（いえ）（や）

⑤ 考

友《とも》だちの 考えを さん考に する。

（かんが）（こう）

⑥ 出

手《て》紙《がみ》を 出すために 外《がい》出する。

（だ）（しゅつ）

かん字《じ》の 読《よ》み方《かた》 (4)

名前

● つぎの □の かん字《じ》を、読《よ》み方《かた》に 気《き》を つけて、――線《せん》の 読《よ》み方《かた》を 書《か》きましょう。

① 長

校《こう》長先《せん》生《せい》と、（　　）長い（　　） 時《じ》間《かん》 話《はな》す。

② 音

音（　　）楽《がく》室《しつ》から、ピアノの 音（　　）が 聞《き》こえる。

③ 食

きゅう食（　　）で、カレーライスを 食（　　）べました。

④ 家

となりの 家（　　）は、空《あ》き家（　　）だ。

⑤ 考

友《とも》だちの 考（　　）えを さん考（　　）に する。

⑥ 出

手《て》紙《がみ》を 出（　　）すために 外《がい》出（　　）する。

かたかなで　書《か》く
ことば　(1)

名　前

外国《がいこく》の　国名《こくめい》や　地名《ちめい》を　かたかなで　二回《にかい》ずつ　書《か》きましょう。

①　ドイツ

②　カナダ

③　インド

④　ローマ

⑤　フランス

⑥　アメリカ

⑦　ニューヨーク

⑧　エジプト

かたかなで 書《か》く ことば ⑵

名前

● 外国《がいこく》の 人《ひと》の 名前《なまえ》を かたかなで 二回《にかい》ずつ 書《か》きましょう。

① エジソン

② バッハ

③ ピカソ

④ ノーベル

⑤ コロンブス

⑥ ヘレンケラー

⑦ ベートーベン

⑧ シンデレラ

かたかなで 書《か》く ことば (3)

名前

(1) 外国《がいこく》から きた ことば（食《た》べもの）を かたかなで 二回《にかい》ずつ 書《か》きましょう。

① バナナ

② トマト

③ コロッケ

④ チョコレート

⑤ キャラメル

⑥ ハンバーグ

(2) つぎの 絵《え》を 見《み》て、かたかなで 書《か》きましょう。

① ドーナツ

② メロン

かたかなで 書《か》く ことば (4)

名前

(1) 外国《がいこく》から きた ことば（もの）を かたかなで 二回《にかい》ずつ 書《か》きましょう。

① ガラス

② ノート

③ ブラシ

④ ティッシュ

⑤ パジャマ

⑥ ボール

(2) つぎの 絵《え》を 見《み》て、かたかなで 書《か》きましょう。

① ピアノ

② ポスト

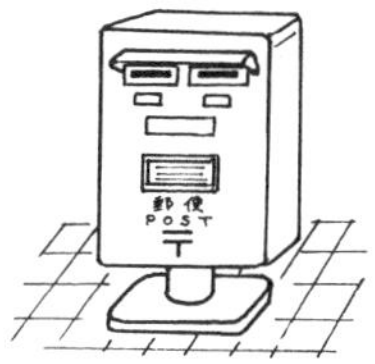

かたかなで　書《か》く　ことば　(5)

名　前

● ものの　音《おと》や　どうぶつの　鳴《な》き声《ごえ》を　かたかなで　二回《にかい》ずつ　書《か》きましょう。

① トントン

② リンリン

③ ワンワン

④ ブーブー

⑤ バシャバシャ

⑥ ピューピュー

⑦ ピョンピョン

⑧ ニャーニャー

かたかなで　ことば　書《か》く　(6)

名前

(1)　①②に　あてはまる　ことばを　□　から　えらんで　書《か》きましょう。

①　外国《がいこく》の　国名《こくめい》

②　外国《がいこく》の　人《ひと》の　名前《なまえ》

・カナダ　・コロンブス　・フランス　・ピカソ

(2)　①②に　あてはまる　ことばを　□　から　えらんで　書《か》きましょう。

①　外国《がいこく》から　きた　ことば（食《た》べもの・もの）

②　ものの　音《おと》や　どうぶつの　鳴《な》き声《ごえ》

・トントン　・コロッケ　・ボール　・ワンワン

かたかなで 書《か》く ことば (7)

名前

● つぎの 文《ぶん》の ――線《せん》の ことばを 正《ただ》しく 書《か》きなおしましょう。

① アイヌクリームを 食《た》べる。 （アイスクリーム）

② ドーナシを 買《か》う。 （　　　）

③ お母《かあ》さんが、マイロンを かける。 （　　　）

④ ワレヨンで 色《いろ》を ぬる。 （　　　）

⑤ かわいい ツールを 手《て》紙《がみ》に はる。 （　　　）

⑥ エプロソを つけて りょうりを する。 （　　　）

かたかなで　書《か》く　ことば　(8)

● つぎの　文《ぶん》を、かたかなで　書《か》く　ことばに　――線《せん》を　引《ひ》き、かたかなに　なおして、書《か》きましょう。

① てれびで　おりんぴっくを　みる。

テレビで　オリンピックを　みる。

② しんでれらの　ほんを　よむ。

③ ふらんすの　おかしを　たべる。

④ かすたねっとを　たたく。

⑤ べるが　りんりんと　なる。

⑥ がらすの　こっぷが　われる。

かたかなで 書《か》く ことば (9)

● つぎの 日記《にっき》の 文《ぶん》の 中《なか》で、――線《せん》の ことばを かたかなに なおして、［　］に 書《か》きましょう。

五月九日《ごがつここのか》

きょう、わたしは、ぼうるあそびを ［ボール］ しました。お母《かあ》さんが、さんどいっちを［　］作《つく》ってくれたので、みんなで［　］ぱくぱくと［　］食《た》べました。ぱんには、［　］はむと［　］れたすが［　］はさんで ありました。おれんじの［　］じゅうすも［　］のみました。おいしかったです。

かたかなで 書《か》く ことば ⑽

名前

● つぎの 手紙《てがみ》の 中《なか》で、かたかなで 書《か》く ことばを 六《むっ》つ 見《み》つけて、――線《せん》を 引《ひ》き、□に かたかなで 書《か》きましょう。

おばあちゃんへ

お元気《げんき》ですか。このまえは、ぴあのの はっぴょう会《かい》を 見《み》に きて くれて ありがとう。わたしが えんそう した「めぬえっと」の きょくは、どうでしたか。

どいつから 友《とも》だちが あそびに きて、いっしょに おかしを 作《つく》りました。ぷりんと、はあとの かたちを した びすけっとです。また、食《た》べに きて くださいね。

さくら

ピアノ

にた いみの ことば (1)

名前

● にた いみを あらわす ことばを 書《か》きましょう。

① たくさん ― いっぱい

② たいよう ― お日《ひ》さま

③ ながめる ― 見《み》る

④ 話《はな》す ― 言《い》う

⑤ 話《はなし》 ― おしゃべり

⑥ したく ― ようい

⑦ すくう ― たすける

⑧ たずねる ― 聞《き》く

⑨ とじる ― しめる

にた　いみの　ことば　(2)

名　前

● にた　いみを　あらわす　ことばを　書《か》きましょう。

① ひらく ― あける

② そだてる ― やしなう

③ つぶやく ― ささやく

④ むかう ― 行《い》く

⑤ しんせつ ― やさしい

⑥ じゅんび ― ようい

⑦ しばる ― むすぶ

⑧ みんな ― ぜんぶ

⑨ おにぎり ― おむすび

にた いみの ことば (3)

名前

● つぎの ことばと にた いみの ことばを、□から えらんで 書《か》きましょう。

① ようい
したく
・したく ・かたづけ

② ながめる
・なげる ・見《み》る

③ たくさん
・いっぱい ・あつめる

④ 聞《き》く
・たずねる ・なく

⑤ しめる
・あける ・とじる

⑥ むすぶ
・ほどく ・しばる

⑦ すくう
・たすける ・ひろう

⑧ ささやく
・聞《き》く ・つぶやく

にた いみの ことば (4)

名前

● つぎの ――線《せん》の ことばと にた いみの ことばを、□から えらんで 書《か》きましょう。

① 新聞《しんぶん》を 長《なが》い ひもで しばる。 〔むすぶ〕

・ほどく　・むすぶ　・まげる

② おちて いる 石《いし》を ぜんぶ ひろう。 〔　　〕

・少《すこ》し　・せまい　・みんな

③ おばあちゃんの 家《いえ》に 行《い》く。 〔　　〕

・帰《かえ》る　・もどる　・むかう

④ 東《ひがし》の 空《そら》から お日《ひ》さまが のぼる。 〔　　〕

・たいよう　・お月《つき》さま　・星《ほし》

⑤ 学校《がっこう》までの 道《みち》を 聞《き》く。 〔　　〕

・すすむ　・たずねる　・教《おし》える

はんたいの いみの ことば (1)

名 前

● はんたいの いみを あらわす ことばを 書《か》きましょう。

① 大《おお》きい ↔ 小《ちい》さい

② つよい ↔ よわい

③ うる ↔ 買《か》う

④ 前《まえ》 ↔ 後《うし》ろ

⑤ とおい ↔ 近《ちか》い

⑥ 広《ひろ》い ↔ せまい

⑦ 上《あ》がる ↔ 下《さ》がる

⑧ 高《たか》い ↔ ひくい

⑨ 多《おお》い ↔ 少《すく》ない

はんたいの　いみの　ことば(2)

名前

● はんたいの　いみを　あらわす　ことばを　書《か》きましょう。

① あける ↔ しめる

② 明《あか》るい ↔ くらい

③ 右《みぎ》 ↔ 左《ひだり》

④ 入《はい》る ↔ 出《で》る

⑤ 高《たか》い ↔ やすい

⑥ 太《ふと》い ↔ 細《ほそ》い

⑦ うれしい ↔ かなしい

⑧ さむい ↔ あつい

⑨ おもい ↔ かるい

はんたいの　いみの　ことば　(3)

名前

● つぎの　ことばと　はんたいの　いみを　あらわす　ことばを、下《した》の　□　から　えらんで　書《か》きましょう。

① よわい ↔ つよい

② 広《ひろ》い ↔

③ 高《たか》い ↔

④ 小《ちい》さい ↔

⑤ 右《みぎ》 ↔

⑥ 多《おお》い ↔

⑦ 前《まえ》 ↔

・せまい
・左《ひだり》
・後《うし》ろ
・つよい
・やすい
・少《すく》ない
・大《おお》きい

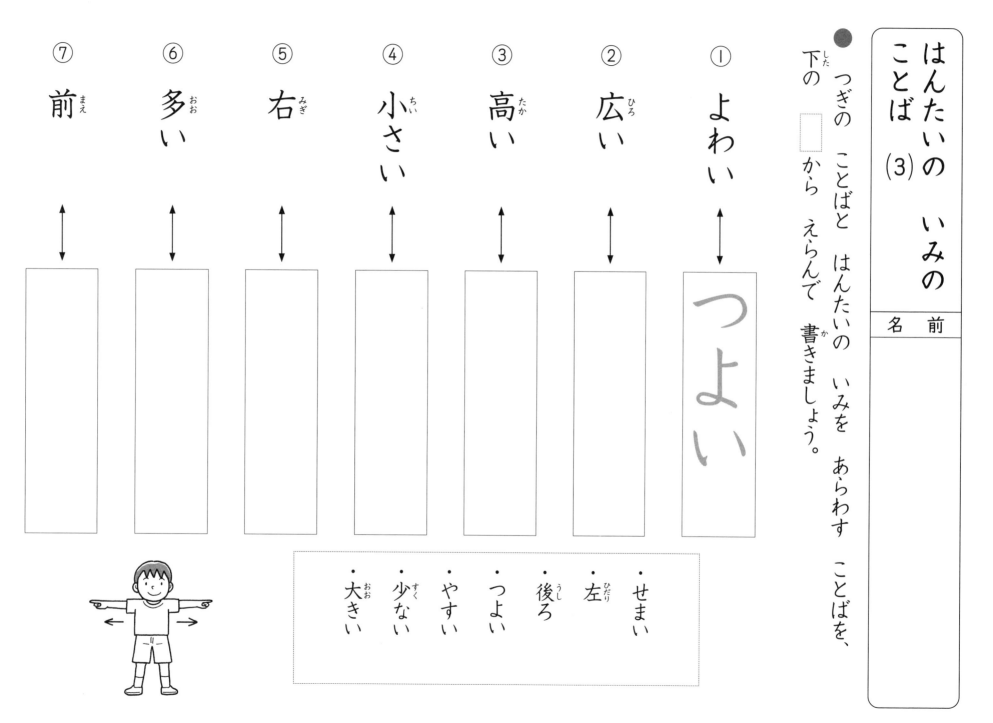

はんたいの　いみの　ことば　(4)

名前

● つぎの　ことばと　はんたいの　いみを　あらわす　ことばを、下《した》の □ から　えらんで　書《か》きましょう。

① あつい ↔ さむい

② とおい ↔

③ かるい ↔

④ 高《たか》い ↔

⑤ くらい ↔

⑥ しめる ↔

⑦ 細《ほそ》い ↔

・ひくい
・近《ちか》い
・あける
・明《あか》るい
・さむい
・太《ふと》い
・おもい

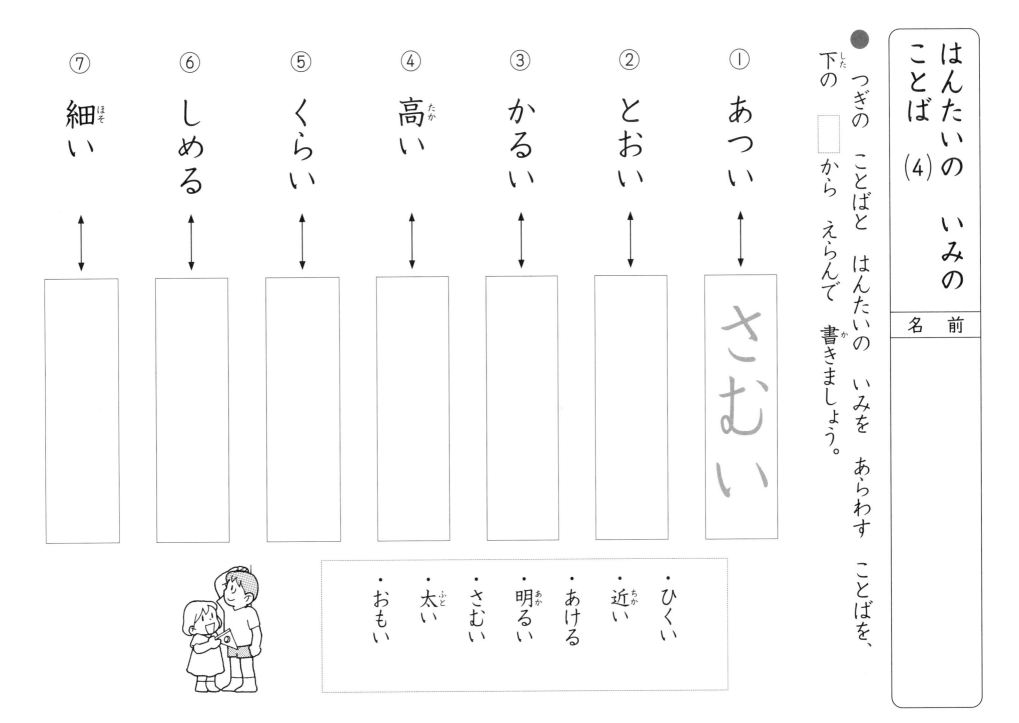

ようすを あらわす ことば (1)

名前

● □に あてはまる ことばを □から えらんで 書《か》きましょう。

① けむりが □（もくもく） あがる。

② 弟《おとうと》と けんかを して □ おこる。

・もくもく　・ぷんぷん

③ 新《しん》聞《ぶん》を □ やぶる。

④ さむさで □ ふるえる。

・ぶるぶる　・びりびり

⑤ やかんの おゆが □ わく。

⑥ 小《ちい》さな 石《いし》が □ ころがる。

・ぐらぐら　・ころころ

ようすを あらわす ことば (2)

名前

● □に あてはまる ことばを □から えらんで 書《か》きましょう。

① 道《みち》で ［ばったり］ 出《で》会《あ》う。

② 赤《あか》ちゃんが ［　　］ ねむる。

・ぐっすり　・ばったり

③ どろぼうが ［　　］ しのびこむ。

④ 大《おお》きな はこに ［　　］ つめこむ。

・ぎっしり　・こっそり

⑤ かばんが ［　　］ おもい。

⑥ とびらを ［　　］ しめる。

・ずっしり　・ぴったり

ようすを あらわす ことば (3)

名前

● □に あてはまる ことばを □から えらんで 書《か》きましょう。

① 夜空《よぞら》に 星《ほし》が □ かがやく。

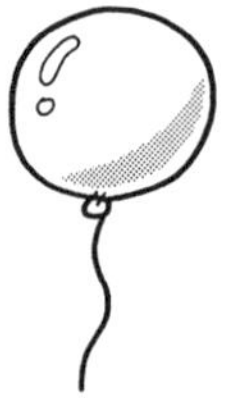

② ふうせんが □ とんで いる。

③ さか道《みち》を □ 下《くだ》る。

・ゆっくり　・きらきら　・ふわふわ

④ パンに バターを □ つける。

⑤ うちわで □ あおぐ。

⑥ 雪《ゆき》が □ と ふりつもる。

・ぱたぱた　・たっぷり　・しんしん

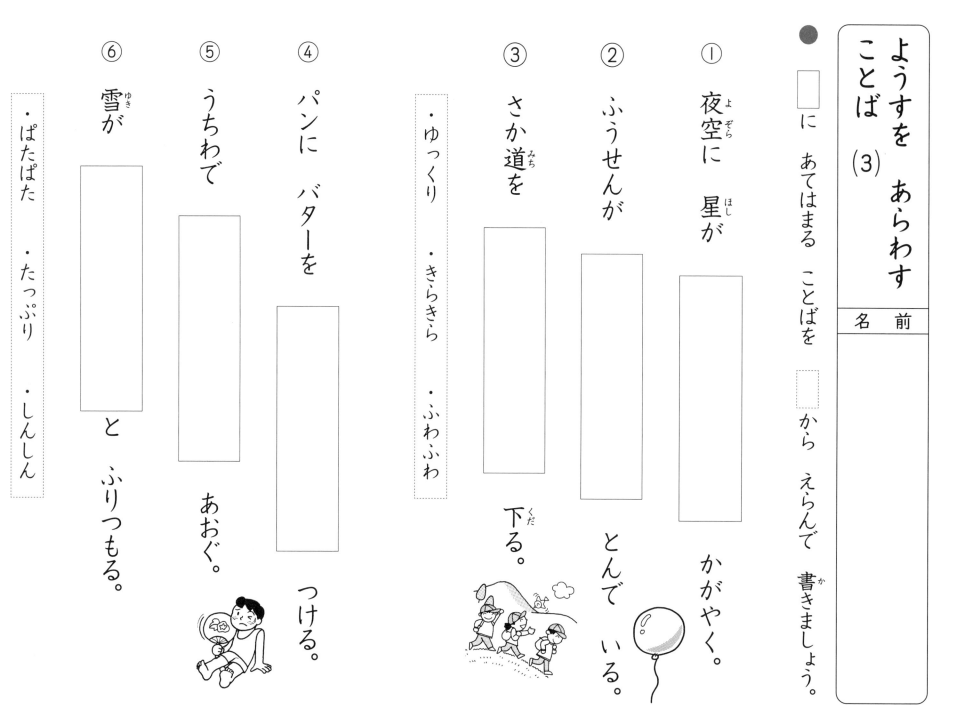

ようすを あらわす ことば (4)

名前

● □に あてはまる ことばを □から えらんで 書《か》きましょう。

① こまが （　　　　） 回《まわ》る。

② 外《そと》は （　　　　） あたたかい。

③ かぎを かけるのを （　　　　） わすれた。

・ぽかぽか　・うっかり　・くるくる

④ ちょうちょが （　　　　） とぶ。

⑤ かみなりが （　　　　） 鳴《な》って いる。

⑥ 夜《よる》の 道《みち》は （　　　　） して いる。

・ひらひら　・ごろごろ　・ひっそり

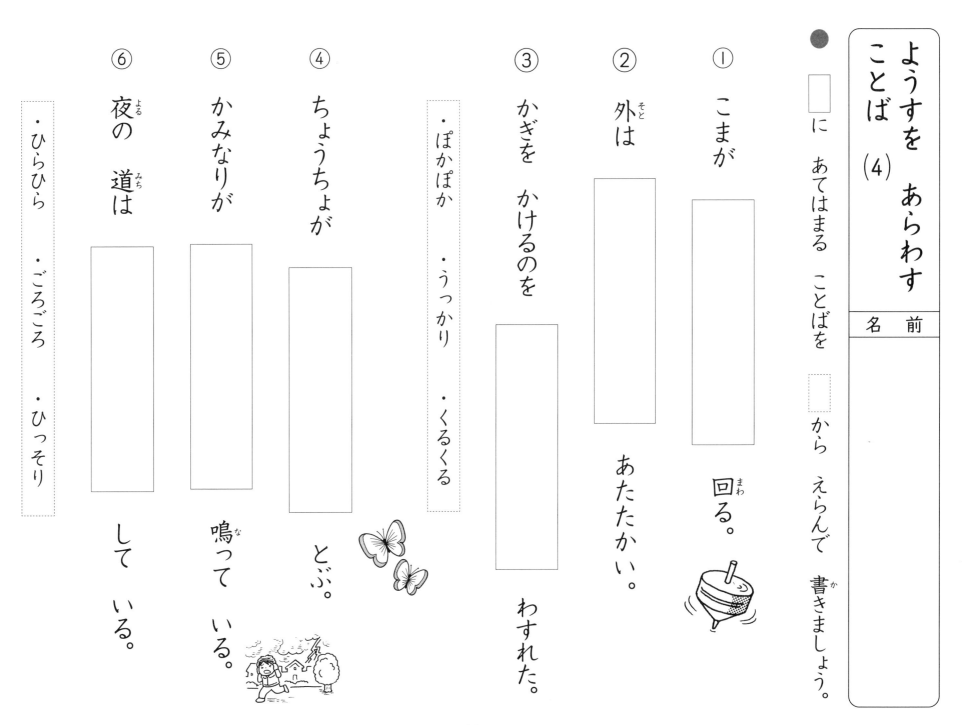

ようすを　あらわす　ことば　(5)

名　前

(1)　上《うえ》の　ようすを　あらわす　文《ぶん》に　あう　ことばを　——線《せん》で　むすびましょう。

① ふるえる　ようす。　・　　・　きらきら

② おこって　いる　ようす。　・　　・　ぱたぱた

③ かがやいて　いる　ようす。　・　　・　ぶるぶる

④ あおぐ　ようす。　・　　・　ぷんぷん

(2)　上《うえ》の　ようすを　あらわす　文《ぶん》に　あう　ことばを　——線《せん》で　むすびましょう。

① いっぱい　つめこんで　いる　ようす。　・　　・　ぎっしり

② よく　ねむって　いる　ようす。　・　　・　こっそり

③ とても　おもたい　ようす。　・　　・　ぐっすり

④ 見《み》つからないように　する　ようす。　・　　・　ずっしり

かん字《じ》 クイズ (1)

名前

● つぎの 二《ふた》つの かん字《じ》を 合体《がったい》させると、どんな かん字《じ》が できますか。できた かん字《じ》を □に 書《か》きましょう。

① 木 ＋ 木 → 林

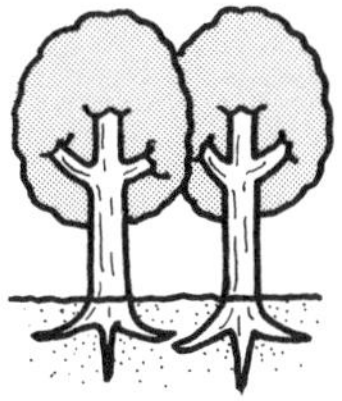

② 石 ＋ 山 → 岩

③ 日 ＋ 月 → 明

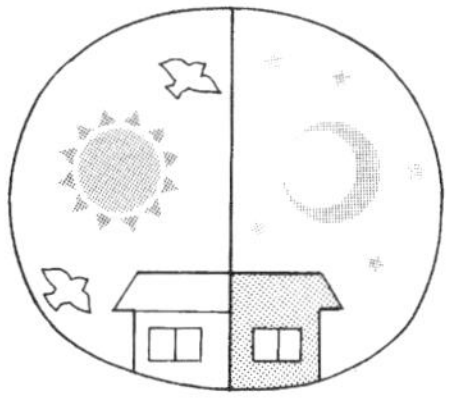

④ 田 ＋ 力 → 男

⑤ 鳥 ＋ 口 → 鳴

⑥ 日 ＋ 十 → 早

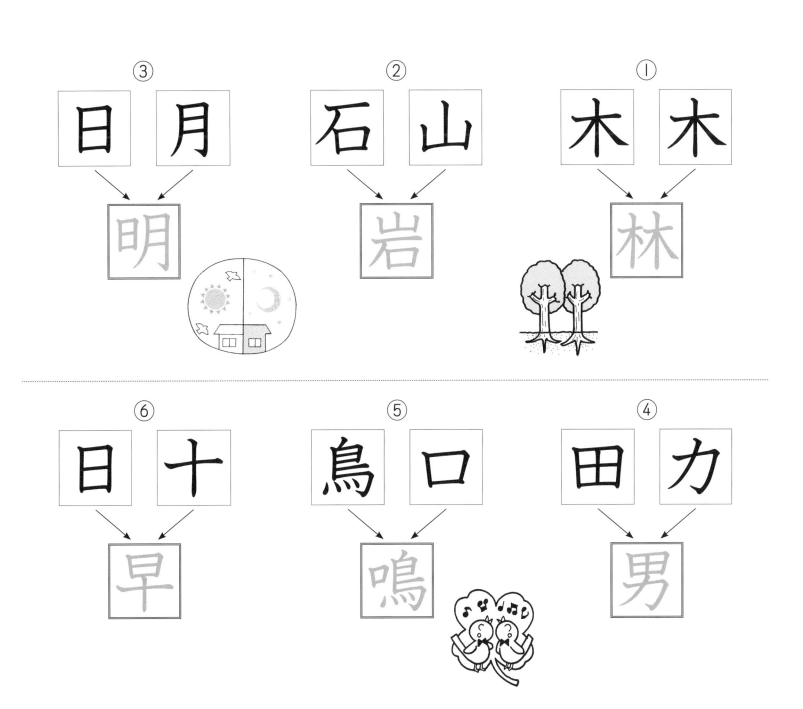

かん字《じ》 クイズ (2)

名前

● つぎの 二《ふた》つの かん字《じ》を 合体《がったい》させると、どんな かん字《じ》が できますか。できた かん字《じ》を □に 書《か》きましょう。

① 木 木 → □

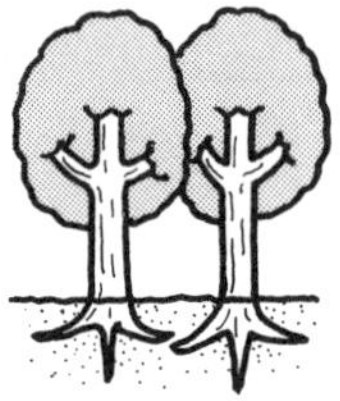

② 石 山 → □

③ 日 月 → □

④ 田 力 → □

⑤ 鳥 口 → □

⑥ 日 十 → □

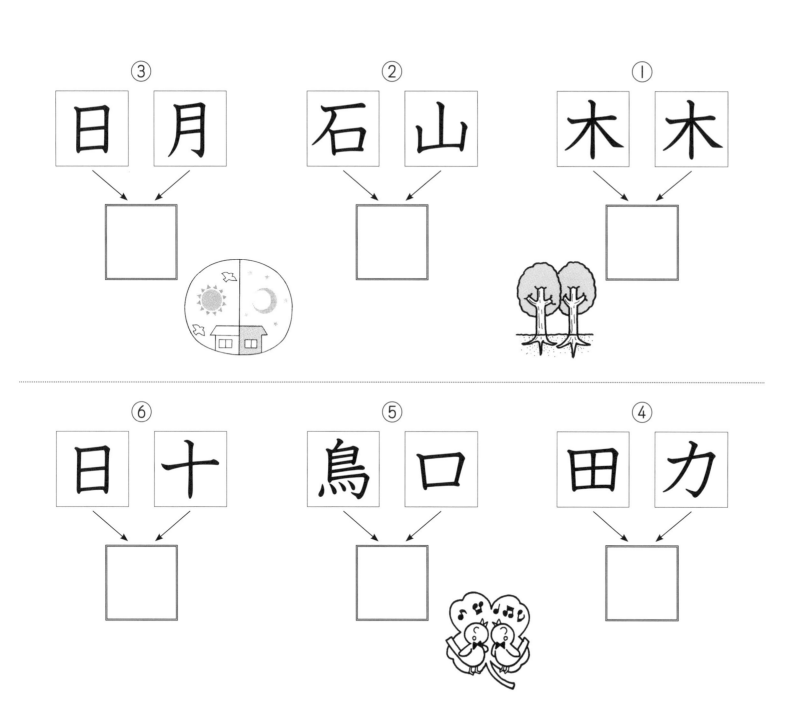

かん字《じ》 クイズ (3)

名前

● つぎの □の かん字《じ》が できるためには、□に どんな かん字《じ》を 入《い》れれば いいでしょう。□に 入《はい》る かん字《じ》を 書《か》きましょう。

① 少 止 → 歩

② 心 田 → 思

③ 八 刀 → 分

④ 日 青 → 晴

⑤ 夕 口 → 名

⑥ 糸 会 → 絵

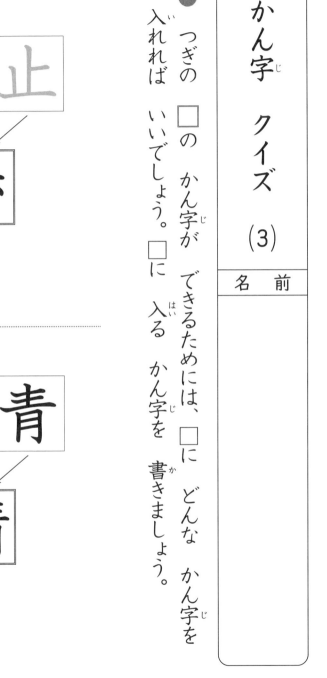

かん字《じ》 クイズ (4)

名前

● つぎの □の かん字《じ》が できるためには、□に どんな かん字《じ》を 入《い》れれば いいでしょう。□に 入《はい》る かん字《じ》を 書《か》きましょう。

① 少 □ → 歩

② □ 田 → 思

③ 八 □ → 分

④ □ 青 → 晴

⑤ 夕 □ → 名

⑥ □ 会 → 絵

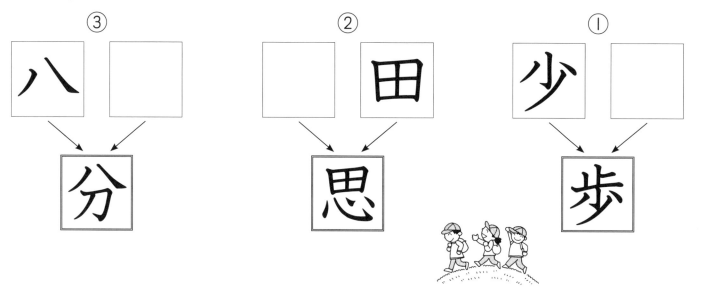

原《げん》こう用紙《ようし》の　つかい方《かた》（1）

名前

つぎの　原《げん》こう用紙《ようし》に　書《か》いた　文《ぶん》しょうを　書《か》きましょう。

たまごやきづくり

たなか　あおい

日《にち》よう日《び》、わたしは、おとうさんとたまごやきを作《つく》りました。

たまごを二《に》こと、だしをボウルに入《い》れて、かきまぜました。そして、たまごやききに入《い》れてやきました。

おとうさんが、「すごいなあ。」と言《い》って、ほめてくれました。また、がんばって作《つく》ろうと思《おも》います。

・はじめに、だいと　名前《なまえ》を　書《か》きましょう。

・書《か》きはじめは、一《ひと》ます　あけましょう。

・行《ぎょう》を　かえたら、一《ひと》ます　あけましょう。

・話《はな》した　ことばは、行《ぎょう》を　かえて、かぎ（「」）を　つけて　書《か》きましょう。

・おわりの　丸《まる》と　かぎ（。」）は、同《おな》じ　ますの　中《なか》に　書《か》きましょう。

　　たまごやきづくり
　　　　　　　たなか　あおい
　日よう日、わたしは、おとうさ
んとたまごやきを作りました。
　たまごを二こと、だしをボウル
に入れて、かきまぜました。そし
て、たまごやききに入れてやきま
した。おとうさんが、
「すごいなあ。」
と言って、ほめてくれました。ま
た、がんばって作ろうと思います。

・点《てん》（、）や　丸《まる》（。）は、行《ぎょう》を　かえずに、さいごの　ますに　いっしょに　書《か》きましょう。

（141％に拡大してご使用ください）

原《げん》こう用紙《ようし》の つかい方《かた》（2）

名　前

● つぎの 文《ぶん》しょうを 原《げん》こう用紙《ようし》に 書《か》きましょう。

たまごやきづくり

たなか　あおい

日《にち》よう日《び》、わたしは、おとうさんとたまごやきを
作《つく》りました。
たまごを二《に》こと、だしをボウルに入《い》れて、かきまぜ
ました。そして、たまごやききに入《い》れてやきました。
おとうさんが、「すごいなあ。」と言《い》って、ほめてくれ
ました。また、がんばって作《つく》ろうと思《おも》います。

（141％に拡大してご使用ください）

原《げん》こう用紙《ようし》の　つかい方《かた》　(3)

名　前

原《げん》こう用紙《ようし》を　つかって　書《か》いてみましょう。

十《じゅう》二《に》支《し》 (1)

名前

十《じゅう》二《に》支《し》の　絵《え》です。十《じゅう》二《に》支《し》の　読《よ》みを　□に　書《か》きましょう。

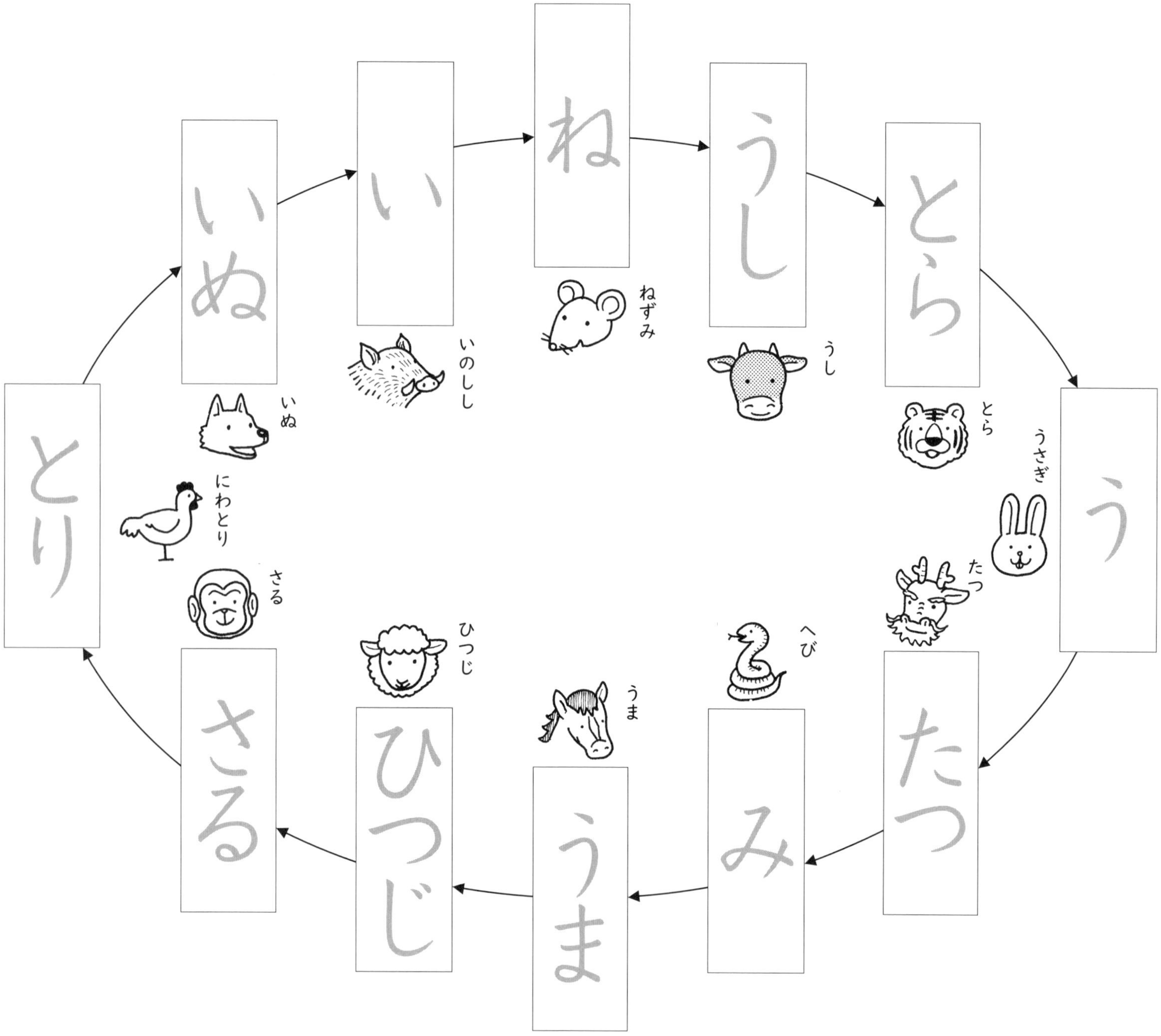

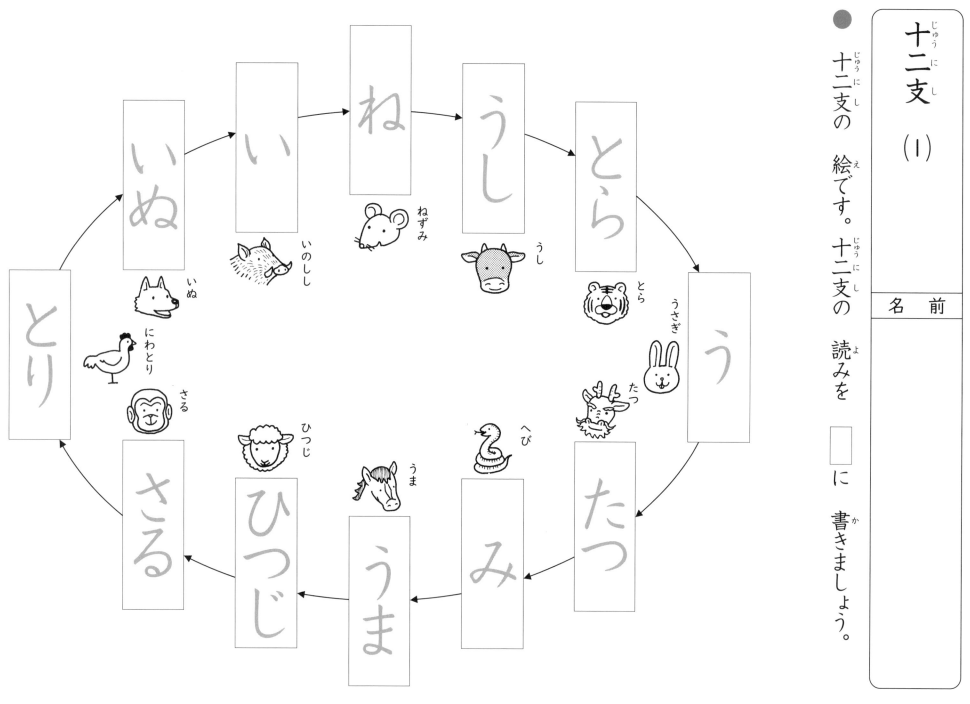

十《じゅう》二《に》支《し》 (2)

名前

● 十《じゅう》二《に》支《し》の 絵《え》です。十《じゅう》二《に》支《し》の 読《よ》みを □ に 書《か》きましょう。

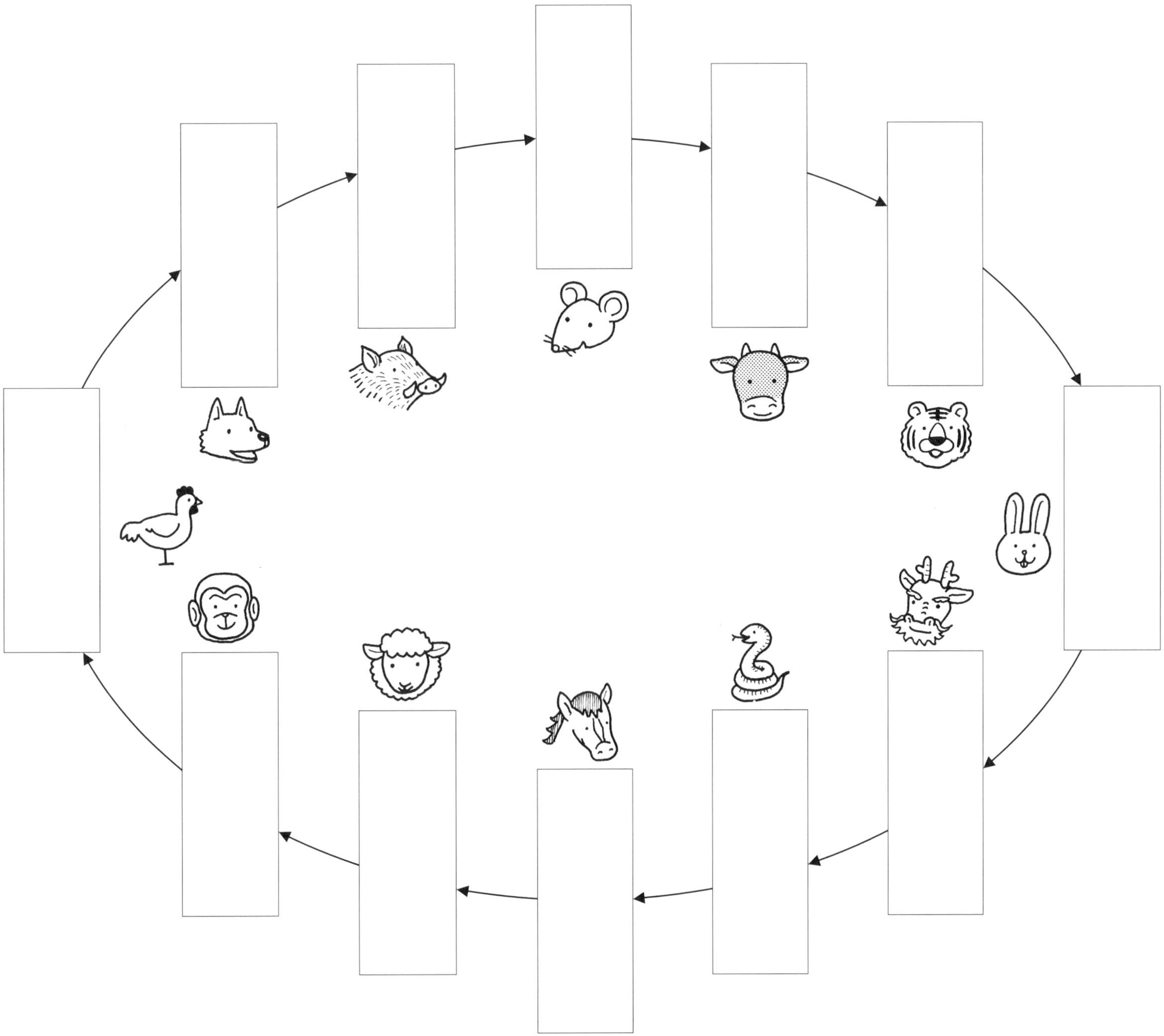

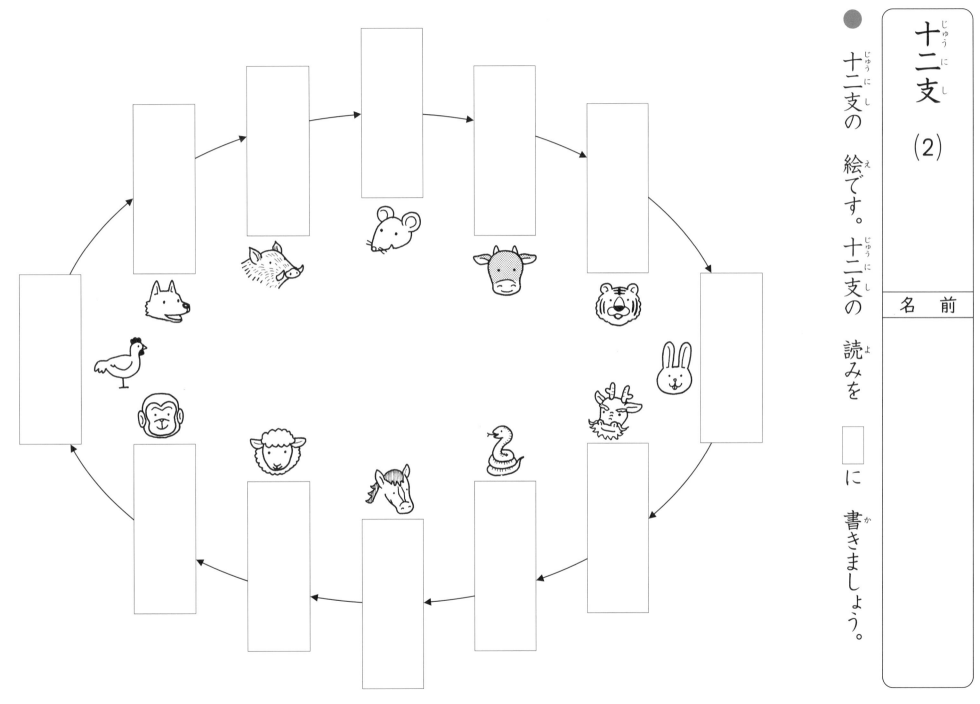

小《しょう》の 月《つき》 (1)

名前

(1) つぎの ことばを 書《か》きましょう。

「小の 月《つき》」とは、ひと月《つき》が 三十一 日《にち》 よりも みじかい 月《つき》の ことです。

(2) 「にしむくさむらい」とは、小《しょう》の 月《つき》を おぼえる ことばです。
ことばと それぞれの 月《つき》を 書《か》きましょう。

にしむくさむらい
小の 月

に → 二月

し → 四月

む → 六月

く → 九月

さむらい → 十一月

小《しょう》の月《つき》（2）

名前

(1) つぎの ことばを □ から えらんで □ に 書《か》きましょう。

「小の月《つき》」とは、ひと月《つき》が □ 日《にち》よりも □ 月《つき》の ことです。

・みじかい　・小《しょう》　・三十《さんじゅう》　・三十一《さんじゅういち》

(2) 「にしむくさむらい」とは、小《しょう》の 月《つき》を おぼえる ことばです。それぞれ 何月《なんがつ》に あたるか □ から えらんで □ に 書《か》きましょう。

に →
し →
む →
く →
さむらい →

・六月《ろくがつ》　・九月《くがつ》　・十一月《じゅういちがつ》　・四月《しがつ》　・二月《にがつ》

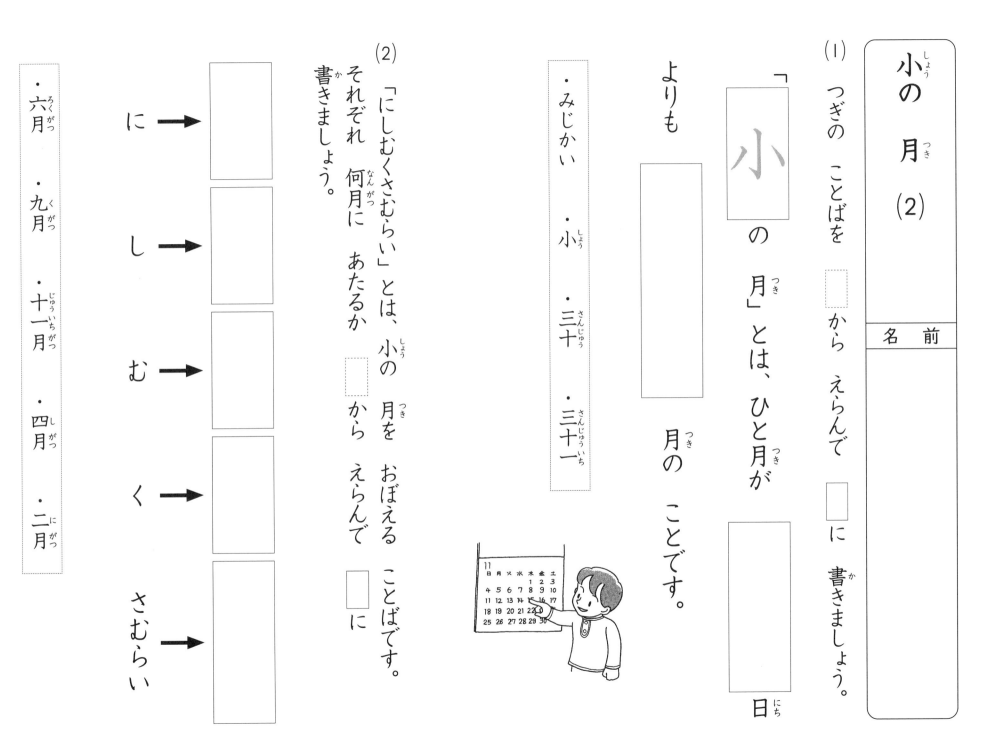

いろは歌《うた》 (1)

名前

● いろは歌《うた》を 書《か》きましょう。

いろはにほへと
ちりぬるを
わかよたれそ
つねならむ
うゐ（い）のおくやま
けふこえて
あさきゆめみし
ゑ（え）ひもせす

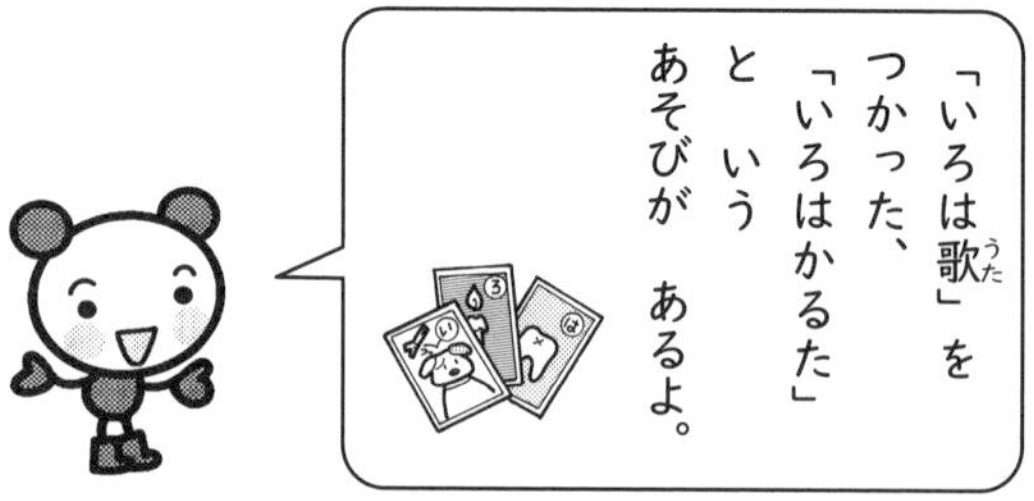
「いろは歌《うた》」を つかった、「いろはかるた」と いう あそびが あるよ。

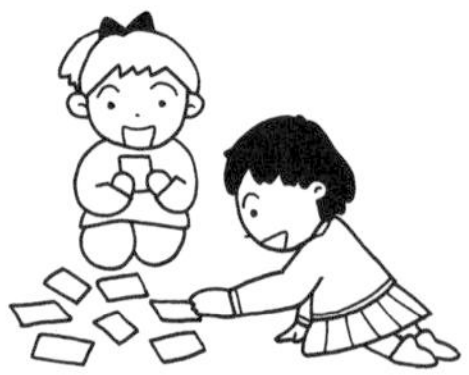

いろは歌《うた》 (2)

名 前

いろは歌《うた》を 書《か》きましょう。

いろはにほへと

ちりぬるを

わかよたれそ

つねならむ

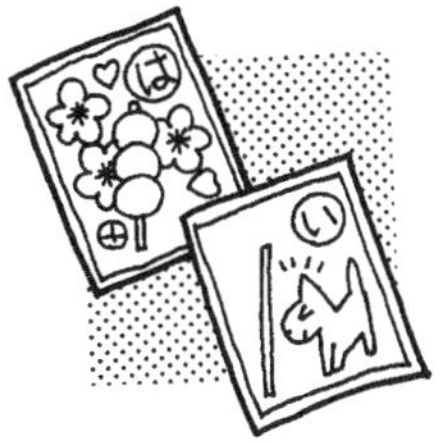

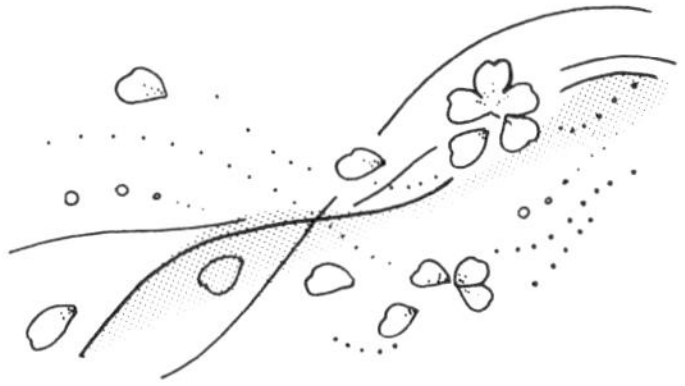

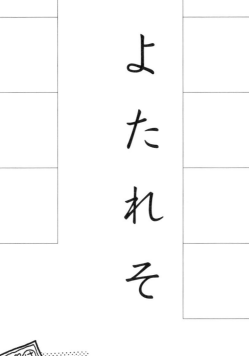

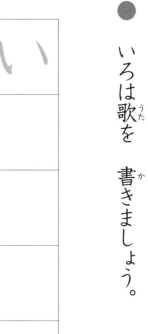

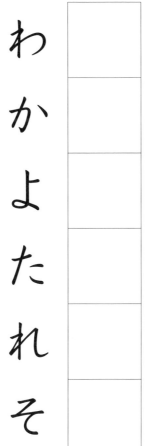

いろは歌《うた》 (3)

名前

● いろは歌《うた》を　書《か》きましょう。

うゐ（い）のおくやま

けふこえて

あさきゆめみし

ゑ（え）ひもせす

組《く》み合《あ》わせた ことば (1)

名前

● つぎの 二《ふた》つの ことばを 組《く》み合《あ》わせて、一《ひと》つの ことばを 作《つく》りましょう。

① もつ ＋ はこぶ → もちはこぶ

② とぶ ＋ はねる → とびはねる

③ 走《はし》る ＋ 回《まわ》る → 走《はし》り回《まわ》る

④ ひろう ＋ あつめる → ひろいあつめる

⑤ 切《き》る ＋ たおす → 切《き》りたおす

⑥ かける ＋ 上《あ》がる → かけ上《あ》がる

⑦ 食《た》べる ＋ はじめる → 食《た》べはじめる

⑧ はる ＋ つける → はりつける

組《く》み合《あ》わせた ことば (2)

名前

つぎの 二《ふた》つの ことばを 組《く》み合《あ》わせて、一《ひと》つの ことばを 作《つく》りましょう。

① もつ ＋ はこぶ →

② とぶ ＋ はねる →

③ 走《はし》る ＋ 回《まわ》る →

④ ひろう ＋ あつめる →

⑤ 切《き》る ＋ たおす →

⑥ かける ＋ 上《あ》がる →

⑦ 食《た》べる ＋ はじめる →

⑧ はる ＋ つける →

組《く》み合《あ》わせた ことば (3)

名前

● つぎの 二《ふた》つの ことばを 組《く》み合《あ》わせて、一《ひと》つの ことばを 作《つく》りましょう。

① 虫《むし》 ＋ かご → 虫かご《むし》

② 紙《かみ》 ＋ ひこうき → 紙ひこうき《かみ》

③ まど ＋ ガラス → まどガラス

④ 竹《たけ》 ＋ 馬《うま》 → 竹《たけ》馬《うま》

⑤ ぬる ＋ 絵《え》 → ぬり絵《え》

⑥ 大《おお》きい ＋ 男《おとこ》 → 大《おお》男《おとこ》

⑦ 古《ふる》い ＋ 本《ほん》 → 古《ふる》本《ほん》

⑧ おる ＋ 紙《かみ》 → おり紙《がみ》

組《く》み合《あ》わせたことば ⑷

名前

● つぎの 二《ふた》つの ことばを 組《く》み合《あ》わせて、一《ひと》つの ことばを 作《つく》りましょう。

① 虫《むし》 ＋ かご →

② 紙《かみ》 ＋ ひこうき →

③ まど ＋ ガラス →

④ 竹《たけ》 ＋ 馬《うま》 →

⑤ ぬる ＋ 絵《え》 →

⑥ 大《おお》きい ＋ 男《おとこ》 →

⑦ 古《ふる》い ＋ 本《ほん》 →

⑧ おる ＋ 紙《かみ》 →

同《おな》じ読《よ》み方《かた》のかん字《じ》(1)

名前

● つぎの□の読《よ》み方《かた》のかん字《じ》を□に書《か》きましょう。

①　か

地《ち》下　校《こう》歌　火山《ざん》　作《さっ》家　花だん

②　し

中《ちゅう》止　四角《かく》　市長《ちょう》　女《じょ》子　白《はく》紙

③　ご

午後《ご》　前《ぜん》後　五分《ふん》　国《こく》語

④　こう

学《がっ》校　公園《えん》　工場《じょう》　交通《つう》

⑤　せい

晴天《てん》　土《ど》星

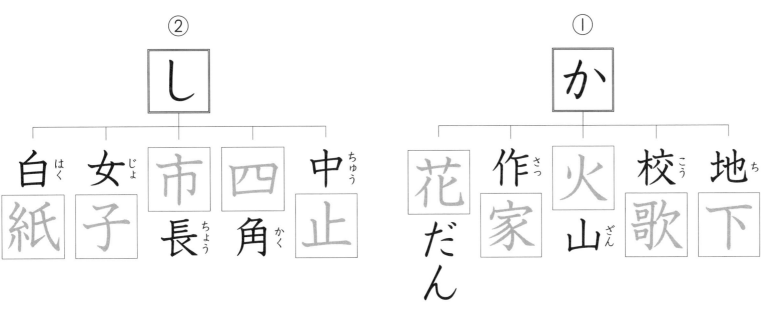

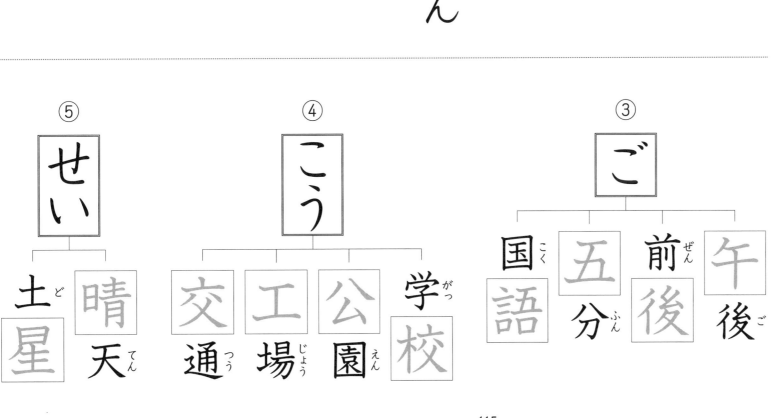

同《おな》じ 読《よ》み方《かた》の かん字《じ》 (2)

名前

● つぎの □の 読《よ》み方《かた》の かん字《じ》を □に 書《か》きましょう。

①
か
□ だん　作《さっ》 □　□ 山《ざん》　校《こう》 □　地《ち》 □

②
し
白《はく》 □　女《じょ》 □　□ 長《ちょう》　□ 角《かく》　中《ちゅう》 □

③
ご
国《こく》 □　□ 分《ふん》　前《ぜん》 □　□ 後《ご》

④
こう
□ 通《つう》　□ 場《じょう》　□ 園《えん》　学《がっ》 □

⑤
せい
土《ど》 □　□ 天《てん》

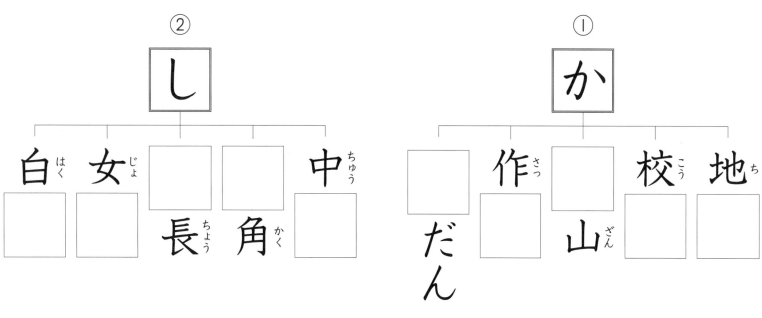

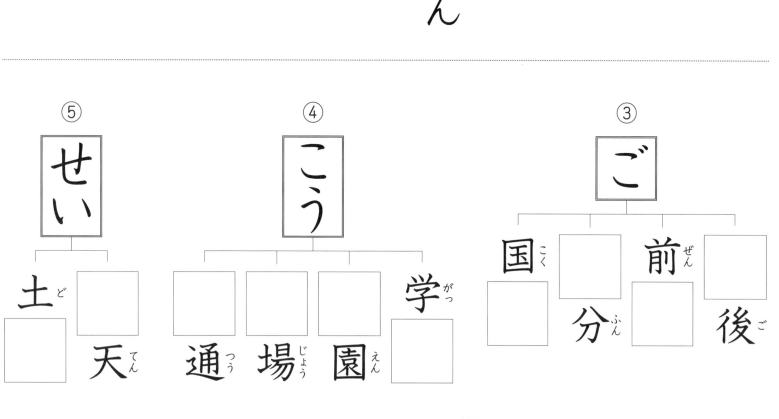

解答例

本書の解答は，あくまでもひとつの例です。児童に取り組ませる前に，必ず指導される方が問題を解いてください。指導される方の作られた解答をもとに，児童の多様な考えに寄り添って○つけをお願いします。

4頁

赤《あか》とんぼ

名前

つぎの　しを　二回《にかい》　読《よ》んで、こたえましょう。

赤《あか》とんぼ

つくつくほうしが
なくころになると、
あの　ゆうびんのマークが、
きっと　㋐知《し》らせにきます。
金色《きんいろ》の空《そら》から
もう　あきですよ……って。

※つくつくほうし…つくつくぼうしの　こと。なつのおわりごろから　あきの　あいだになく　セミ。
※ゆうびんのマーク…〒
（ここでは、赤《あか》とんぼを　あらわす。）

（令和二年度版　光村図書　こくご二下　赤とんぼ　まど・みちお）

(1) つくつくほうしが　なく　ころとは、いつの　ころですか。○を　つけましょう。
（　）はるの　ころ。
（○）あきの　ころ。

(2) ㋐知《し》らせにきますと　ありますが、どこから　くるのですか。
［金色の空］

(3) ㋐知《し》らせにきますと　ありますが、どんな　ことを　知《し》らせに　くると言《い》って　いますか。
もう［あき］ですよ

5頁

お手紙《てがみ》　(1)

名前

きょうか書《しょ》の　つぎの　文《ぶん》を　二回《にかい》　読《よ》んで、答《こた》えましょう。

1
「がまくんは、げんかんの前《まえ》に…」
から
「…やって来《き》て、言《い》いました。」
まで

2
「「どうしたんだい、…」
から
「…「うん、そうなんだ。」がまくんが言《い》いました。」
まで

1
(1) がまくんは、どこに　すわって　いましたか。
［げんかんの前］

(2) やって来《き》たのは、だれですか。
［かえるくん］

2
(1) 「きみ、かなしそうだね。」とは、だれが　言《い》った　ことばですか。
［かえるくん］

(2) 「うん、そうなんだ。」とは、どういう　気《き》もちですか。一《ひと》つに　○を　つけましょう。
（　）たのしい
（○）かなしい
（　）うれしい

6頁

お手紙《てがみ》　(2)

名前

きょうか書《しょ》の　つぎの　文《ぶん》を　二回《にかい》　読《よ》んで、答《こた》えましょう。

1
「「今《いま》、一日《いちにち》のうちの…」
から
「…ふしあわせな気《き》もちになるんだよ。」」
まで

2
「「そりゃ、どういうわけ。」…」
から
「…もらったことないんだもの。」がまくんが言《い》いました。」
まで

1
(1) かなしい　時《とき》とは、どんな　時間《じかん》ですか。
［お手紙をまつ］時間《じかん》。

(2) お手紙《てがみ》を　まつ　時間《じかん》は、どんな　気《き》もちに　なると　言《い》って　いますか。
［ふしあわせ］な　気《き》もち。

2
(1) 「そりゃ、どういうわけ。」と　言《い》ったのは、だれですか。
［かえるくん］

(2) がまくんは、何《なに》を　もらった　ことが　ないのですか。
［お手紙］

7頁

お手紙《てがみ》　(3)

名前

きょうか書《しょ》の　つぎの　文《ぶん》を　二回《にかい》　読《よ》んで、答《こた》えましょう。

がまくんは、お手紙《てがみ》を　もらった　ことが　ありませんでした。

1
「「いちどもかい。」…」
から
「…「ああ。いちども。」がまくんが言《い》いました。」
まで

2
「「だれも、ぼくに…」
から
「…かなしいのは、そのためなのさ。」」
まで

1
(1) 「ああ。いちども。」と　ありますが、どういう　いみですか。○を　つけましょう。
（　）お手紙《てがみ》を　いちどだけ　もらった　ことが　ある。
（○）お手紙《てがみ》を　いちども　もらった　ことが　ない。

2
(1) 毎日《まいにち》、ゆうびんうけは、どう　なって　いますか。
［空っぽ］

(2) お手紙《てがみ》を　まって　いる　ときが　かなしいのは、なぜですか。二《ふた》つに　○を　つけましょう。
（○）お手紙《てがみ》が　来《こ》ないから。
（　）お手紙《てがみ》を　書《か》いた　ことが　ないから。
（　）毎日《まいにち》、ゆうびんうけが　いっぱいだから。
（○）毎日《まいにち》、ゆうびんうけが　空《から》っぽだから。

8頁

お手《て》紙《がみ》 (4)

名前

きょうか書《しょ》の　つぎの　文《ぶん》を　二回《にかい》　読《よ》んで、答《こた》えましょう。

「ふたりとも、
かなしい気分《きぶん》で、…

から

…しなくちゃいけない
ことが、あるんだ。」

まで

(1) ふたりとは　だれと　だれですか。

かえるくん と **がまくん**。

(2) ふたりは、どんな　気分《きぶん》で　いましたか。

かなしい気分

(3) かなしい　気分《きぶん》で、どこに　こしを　下《お》ろして　いましたか。

げんかんの前

(4) なぜ　かえるくんは、家《いえ》へ　帰《かえ》らないと　いけないのですか。○を　つけましょう。

(○) しなくちゃいけない　ことが、あるから。

(　) かなしい　気分《きぶん》に　なるから。

9頁

お手《て》紙《がみ》 (5)

名前

きょうか書《しょ》の　つぎの　文《ぶん》を　二回《にかい》　読《よ》んで、答《こた》えましょう。

1

かえるくんは、
大《おお》いそぎで…

から

…ふうとうに
こう書《か》きました。
「がまがえるくんへ」

まで

2

かえるくんは、家《いえ》から…

から

…「かたつむりくん。」
かえるくんが言《い》いました。

まで

1

(1) 家《いえ》へ　帰《かえ》った　かえるくんは、何《なに》を　見《み》つけましたか。

えんぴつと紙

(2) かえるくんは、ふうとうに　何《なん》と　書《か》きましたか。

「がまがえるくんへ」

2

(1) 家《いえ》から　とび出《だ》したのは　だれですか。

かえるくん

(2) かえるくんは、だれに　会《あ》いましたか。

知《し》りあいの **かたつむりくん**。

10頁

お手《て》紙《がみ》 (6)

名前

きょうか書《しょ》の　つぎの　文《ぶん》を　二回《にかい》　読《よ》んで、答《こた》えましょう。

かえるくんは、手紙《てがみ》を　書《か》いて　家《いえ》から　とび出《だ》すと　かたつむりくんに　会《あ》いました。

「おねがいだけど、
このお手紙《てがみ》を…

から

…かたつむりくんが
言《い》いました。
「すぐやるぜ。」

まで

(1) 手紙《てがみ》を　ゆうびんうけに　入《い》れて　きて　くれないかいと　おねがいしたのは、だれですか。

かえるくん

(2) この　手紙《てがみ》は　だれが　書《か》きましたか。

かえるくん

(3) 「すぐやるぜ。」と　言《い》ったのは、だれですか。

かたつむりくん

(4) 「すぐやるぜ。」と　ありますが、どんな　ことを　やるのですか。

この **お手紙** を　がまくんの家《いえ》へ　もっていって、**ゆうびんうけ** に **入れて** くる　こと。

11頁

お手《て》紙《がみ》 (7)

名前

きょうか書《しょ》の　つぎの　文《ぶん》を　二回《にかい》　読《よ》んで、答《こた》えましょう。

1

それから、
かえるくんは、…

から

…お昼《ひる》ねをしていました。

まで

2

「がまくん。」
かえるくんが言《い》いました。…

から

…まってみたらいいと
思《おも》うな。」

まで

1

(1) かえるくんは、どこへ　もどりましたか。

がまくんの家

(2) がまくんは、どこで　何《なに》を　していましたか。

ベッド で **お昼ね** を　していました。

2

(1) 「きみ、おきてさ、…」と　ありますが、きみとは、だれですか。

がまくん

(2) かえるくんは、何《なに》が　来《く》るのを、まって　みたら　いいと　言《い》いましたか。

お手紙

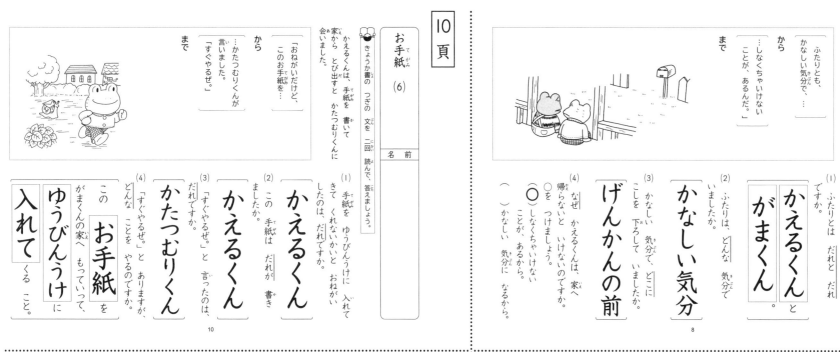

解答例

本書の解答は，あくまでもひとつの例です。児童に取り組ませる前に，必ず指導される方が問題を解いてください。指導される方の作られた解答をもとに，児童の多様な考えに寄り添って○つけをお願いします。

12頁

わたしはおねえさん (1)

名前

つぎの　あらすじと　文《ぶん》しょうを　二回《にかい》　読《よ》んで、答《こた》えましょう。

歌《うた》を　作《つく》るのが　すきな　すみれちゃんは、二年生《にねんせい》に　なったので、えらい　おねえさんに　なって、りっぱな　ことを　したくなりました。そこで、朝《あさ》の　うちに　しゅくだいを　しようと、つくえの　上《うえ》に、教科書《きょうかしょ》と　ノートを　広《ひろ》げました。でも、花《か》だんの　コスモスが　気《き》に　なって、水《みず》やりを　しに　にわに　出《で》て　しまいました。その　間《あいだ》に、すみれちゃんの　へやでは　何《なに》かが　おきて　いました。

1

出《だ》しっぱなしの
すみれちゃんのノートに、
二《に》さいになった
妹《いもうと》のかりんちゃんが、
えんぴつで、
㋐何《なに》かをかきはじめたのです。

2

すみれちゃんが
水《みず》やりからもどってくると、
かりんちゃんは、
まだ かいている
さいちゅうでした。

（令和二年度版　光村図書　こくご二下　赤とんぼ　いしい　むつみ）

1 (1) ㋐何《なに》かをかきはじめたのは、だれですか。

二《に》さいになった［妹］の［かりんちゃん］。

2 (1) 水《みず》やりから　もどって　きたのは、だれですか。

［すみれちゃん］

(2) かりんちゃんは、何《なに》を　して　いましたか。

えんぴつで　まだ［かいて］いる［さいちゅう］でした。

13頁

わたしはおねえさん (2)

名前

つぎの　文《ぶん》しょうを　二回《にかい》　読《よ》んで、答《こた》えましょう。

1

すみれちゃんはおどろいて、
㋐「かりん、何《なに》してるの。」
とききました。
㋑「おべんきょ。」
と、かりんちゃんが
言《い》いました。

2

「㋐もう、かりんたら、もう。」
と、すみれちゃんは
言《い》いました。
半分《はんぶん》ぐらい、
なきそうでした。
もう半分《はんぶん》は、
おこりそうでした。

（令和二年度版　光村図書　こくご二下　赤とんぼ　いしい　むつみ）

1 ㋐㋑は、それぞれ、だれが　言《い》った　ことばですか。

㋐［すみれちゃん］

㋑［かりんちゃん］

2 ㋐もう、かりんたら、もうと　言《い》った　とき、すみれちゃんは　どんな　気《き》もちでしたか。

すみれちゃんは、半分《はんぶん》ぐらい、［なきそう］でした。
もう半分《はんぶん》は、［おこりそう］でした。

14頁

わたしはおねえさん (3)

名前

つぎの　文《ぶん》しょうを　二回《にかい》　読《よ》んで、答《こた》えましょう。

1

すみれちゃんには、
自分《じぶん》が、
なきたいのか
おこりたいのか
㋐分《わ》かりませんでした。

2

それで、じっと、ノートを
㋑見《み》ていました。
かりんちゃんがかいた
ぐちゃぐちゃのものを
見《み》ていました。
「何《なに》よ、㋒これ。」
と、すみれちゃんは
言《い》いました。

（令和二年度版　光村図書　こくご二下　赤とんぼ　いしい　むつみ）

1 (1) ㋐分《わ》かりませんでしたと　ありますが、すみれちゃんには、何《なに》が　分《わ》かりませんでしたか。

自分《じぶん》が、［なきたい］のか［おこりたい］のか分《わ》かりませんでした。

2 (1) じっと、何《なに》を　㋑見《み》ていましたか。

［ノート］

(2) ㋒これとは、何《なん》の　ことですか。

［かりんちゃん］が かいた［ぐちゃぐちゃ］の もの。

15頁

わたしはおねえさん (4)

名前

つぎの　文《ぶん》しょうを　二回《にかい》　読《よ》んで、答《こた》えましょう。

かりんちゃんが　かいた　ぐちゃぐちゃの　ものを　見《み》て、「何《なに》よ、これ。」と、すみれちゃんは、かりんちゃんに　言《い》いました。

1

すみれちゃんは、
それが何《なに》か、知《し》りたかった
わけではありませんでした。
けれど、かりんちゃんは、
「お花《はな》。」
と答《こた》えました。

2

㋐「お花《はな》。これがお花《はな》なの。」
そう言《い》うと、すみれちゃんは、
かりんちゃんを見《み》ました。
かりんちゃんは、「そう。」と
言《い》うようにうなずきました。

（令和二年度版　光村図書　こくご二下　赤とんぼ　いしい　むつみ）

1 (1) かりんちゃんは、何《なん》と　答《こた》えましたか。

「［お花］。」と答《こた》えました。

2 (1) ㋐は、だれが　言《い》った　ことばですか。

［すみれちゃん］

(2) すみれちゃんが、かりんちゃんを　見《み》たとき、かりんちゃんは、どう　しましたか。

かりんちゃんは、「そう。」と言《い》うように［うなずきました］。

解答例

16頁

わたしはおねえさん (5)

名前

つぎの 文《ぶん》しょうを 二回《にかい》 読《よ》んで、答《こた》えましょう。

1

それから、
まどの外《そと》をゆびさして、
もういちど、
「お花《はな》。」
と言《い》いました。
そこには、
すみれちゃんが
水《みず》をやったばかりの
コスモスがさいています。

2

すみれちゃんは、
もういちど、ノートを
見《み》ました。
じっと。ずっと。

（令和二年度版 光村図書 こくご二下 赤とんぼ いしい むつみ）

1

(1) どこを ゆびさしましたか。

まど の外《そと》。

(2) まどの 外《そと》には、何《なに》が さいて いますか。

すみれちゃん が
水《みず》をやったばかりの
コスモス が
さいています。

2

(1) すみれちゃんは、どんな ようすで ノートを 見《み》ましたか。

じっと。
ずっと。

17頁

わたしはおねえさん (6)

名前

つぎの 文《ぶん》しょうを 二回《にかい》 読《よ》んで、答《こた》えましょう。

「あはは。」
すみれちゃんは
わらいだしました。
コスモスになんか
ちっとも見《み》えない
㋐ぐちゃぐちゃの絵《え》が、
かわいく
見《み》えてきたのです。
「あはは。」
と、かりんちゃんも
わらいだしました。

（令和二年度版 光村図書 こくご二下 赤とんぼ いしい むつみ）

(1) ㋐ぐちゃぐちゃの絵《え》とは、何《なに》を かいた 絵《え》ですか。

コスモス

(2) すみれちゃんが わらいだした のは、なぜですか。

コスモスになんか見《み》えない
ぐちゃぐちゃ の
絵《え》が、 **かわいく**
見《み》えてきたから。

(3) すみれちゃんが わらいだすと、かりんちゃんは どう しましたか。

（かりんちゃんも）わらいだしました。

18頁

わたしはおねえさん (7)

名前

つぎの 文《ぶん》しょうを 二回《にかい》 読《よ》んで、答《こた》えましょう。

それから、ふたりで
たくさんわらってわらって、
わらいおわると、
すみれちゃんは言《い》いました。
「じゃあ、かりん。
こんどは ㋐ねえねが
おべんきょうするから、
ちょっとどいてね。」
「㋑いいよ。」

（令和二年度版 光村図書 こくご二下 赤とんぼ いしい むつみ）

(1) それから、ふたりで どう しましたか。

たくさん わらって わらいました。

(2) ㋐ねえねとは、だれの ことですか。

すみれちゃん

(3) すみれちゃんは、わらい おわると、何《なに》を すると 言《い》いましたか。

おべんきょう

(4) ㋑いいよと 言《い》ったのは、だれですか。

かりんちゃん

19頁

わたしはおねえさん (8)

名前

つぎの 文《ぶん》しょうを 二回《にかい》 読《よ》んで、答《こた》えましょう。

1

かりんちゃんが
いすから下《お》りて、
そのいすに
すみれちゃんが
すわりました。

2

すみれちゃんは、
ふでばこから
けしゴムを出《だ》して、
かりんちゃんがかいた絵《え》を
けそうとしました。
けしかけて、
でも けすのをやめて、
すみれちゃんは、
つぎの ページを
ひらきました。

（令和二年度版 光村図書 こくご二下 赤とんぼ いしい むつみ）

1

(1) かりんちゃんが いすから 下《お》りると、すみれちゃんは どう しましたか。

そのいすに
すみれちゃんが
すわりました。

2

(1) すみれちゃんが けそうと した ものは、何《なん》ですか。

かりんちゃん が
かいた **絵** 。

(2) すみれちゃんは、かりんちゃんが かいた 絵《え》を どう しましたか。○を つけましょう。

（　）けすのを やめようとして、でも けした。
（○）けしかけて、でも けすのを やめた。

本書の解答は，あくまでもひとつの例です。児童に取り組ませる前に，必ず指導される方が問題を解いてください。指導される方の作られた解答をもとに，児童の多様な考えに寄り添って○つけをお願いします。

20頁

スーホの白《しろ》い馬《うま》 (1)

名前

つぎの あらすじと きょうか書《しょ》の つぎの 文《ぶん》を 二回《にかい》 読《よ》んで、答《こた》えましょう。

むかし、中国《ちゅうごく》の 北《きた》の 方《ほう》、モンゴルの 草原《そうげん》に、スーホと いう、まずしい ひつじかいの 少年《しょうねん》が おばあさんと ふたりきりで、くらして いました。ある日《ひ》、スーホは、生《う》まれたばかりの、小《ちい》さな 白《しろ》い 馬《うま》を だきかかえて、帰《かえ》って きました。子馬《こうま》は、体《からだ》は 雪《ゆき》のように 白《しろ》く、きりっと 引《ひ》きしまって、すくすくと そだちました。ある 年《とし》の 春《はる》、とのさまが、町《まち》で けい馬《ば》の 大会《たいかい》を ひらいて、一等《いっとう》に なった ものに、むすめと けっこんさせると いう 知《し》らせが つたわって きて、スーホも けい馬《ば》に 出《で》る ことに なりました。スーホの のった 白馬《しろうま》は、一等《いっとう》に なりました。ところが、とのさまは、スーホから 白馬《しろうま》を とり上《あ》げると、大《おお》いばりで 帰《かえ》りました。白馬《しろうま》を みんなに 見《み》せびらかしたくて たまりません。

「そこで、ある日《ひ》のこと、とのさまは、…」から「…みんなに見《み》せてやることにしました。」まで

※さかもり…人《ひと》びとが あつまって、さけを のんで 楽《たの》しむ こと。

(1) とのさまは、だれを たくさん よびましたか。

おきゃく

(2) そのさいちゅうと ありますが、どういう いみですか。一《ひと》つに ○を つけましょう。

( ) さかもりを はじめた とき。
(○) さかもりを して いる とき。
( ) さかもりが おわった とき。

(3) とのさまは、白馬《しろうま》に のって、どう する ことに しましたか。

白馬《しろうま》にのって、みんなに **見せてやる** ことにしました。

21頁

スーホの白《しろ》い馬《うま》 (2)

名前

きょうか書《しょ》の つぎの 文《ぶん》を 二回《にかい》 読《よ》んで、答《こた》えましょう。

1 「家来《けらい》たちが、白馬《しろうま》を引《ひ》いてきました。…」から「…おそろしい いきおいで はね上《あ》がりました。」まで

2 「とのさまは、じめんに ころげおちました。…」から「…風《かぜ》のように かけだしました。」まで

1
(1) 家来《けらい》たちが、何《なに》を 引《ひ》いて きましたか。

白馬

(2) そのときと ありますが、どんな ときですか。○を つけましょう。

( ) 家来《けらい》たちが、白馬《しろうま》を 引《ひ》いて きた とき。
(○) とのさまが、白馬《しろうま》に またがった とき。

2
(1) とのさまは、どう なりましたか。

じめんに **ころげおちました**。

(2) 白馬《しろうま》は、とのさまの 手《て》から たずなを ふりはなすと、どう しましたか。

さわぎ立《た》てるみんなの間《あいだ》をぬけて、**風** のように **かけだしました**。

22頁

スーホの白《しろ》い馬《うま》 (3)

名前

きょうか書《しょ》の つぎの 文《ぶん》を 二回《にかい》 読《よ》んで、答《こた》えましょう。

1 「とのさまは、おき上《あ》がろうと もがきながら、…」から「…つかまらないなら、弓《ゆみ》でいころしてしまえ。」」まで

2 「家来《けらい》たちは、いっせいに…」から「…白馬《しろうま》には とてもおいつけません。」まで

1
(1) 大声《おおごえ》で どなりちらしたのは、だれですか。

とのさま

(2) あいつとは、だれですか。一《ひと》つに ○を つけましょう。

(○) 白馬《しろうま》
( ) とのさま
( ) 家来《けらい》たち

2
(1) 家来《けらい》たちは、どう しましたか。

いっせいに **おいかけました**。

(2) 家来《けらい》たちは、何《なに》に おいつけませんか。

白馬

23頁

スーホの白《しろ》い馬《うま》 (4)

名前

きょうか書《しょ》の つぎの 文《ぶん》を 二回《にかい》 読《よ》んで、答《こた》えましょう。

1 「家来《けらい》たちは、弓《ゆみ》を 引《ひ》きしぼり、…」から「…矢《や》は、うなりを立《た》てて とびました。」まで

2 「白馬《しろうま》の せには、つぎつぎに、…」から「…白馬《しろうま》は走《はし》りつづけました。」まで

※せ…せなかの こと。

1
(1) 家来《けらい》たちは、弓《ゆみ》を どう しましたか。

弓《ゆみ》を **引きしぼり**、いっせいに矢《や》を **はなちました**。

(2) 矢《や》は、どう なりましたか。

矢《や》は、**うなり** を 立《た》てて **とびました**。

2
(1) どこに 矢《や》が ささりましたか。

(白馬の)せ

(2) 白馬《しろうま》は どう しましたか。

走りつづけました。

24頁

スーホの白《しろ》い馬《うま》 (5)

名前

きょうか書《しょ》の　つぎの　文《ぶん》を　二回《にかい》　読《よ》んで、答《こた》えましょう。

1

「そのばんのことです。スーホがねようとしていたとき、…」

から

「…カタカタ、カタカタと、もの音《おと》がつづいています。」

まで

2

「ようすを見《み》に出《で》ていったおばあさんが…」

から

「…「白馬《しろうま》だよ。うちの白馬《しろうま》だよ。」」

まで

1 (1) スーホが　ねようと　して　いた　とき、どこで　音《おと》が　しましたか。

外　の方《ほう》で　音《おと》がしました。

(2) 外《そと》の　方《ほう》で　音《おと》が　した　とき、スーホは、何《なん》と　言《い》いましたか。

「だれだ。」

2 (1) さけび声《ごえ》を　上《あ》げたのは、だれですか。

おばあさん

(2) おばあさんが、さけび声《ごえ》を　上《あ》げたのは　なぜですか。

(うちの)白馬がいたから。

25頁

スーホの白《しろ》い馬《うま》 (6)

名前

きょうか書《しょ》の　つぎの　文《ぶん》を　二回《にかい》　読《よ》んで、答《こた》えましょう。

1

「スーホははねおきて、かけていきました。…」

から

「…あせが、たきのようにながれおちています。」

まで

2

「白馬《しろうま》は、ひどいきずをうけながら、…」

から

「…大《だい》すきなスーホのところへ帰《かえ》ってきたのです。」

まで

1 (1) スーホが　かけて　いくと、何《なに》が　いましたか。

白馬

(2) 白馬《しろうま》の　体《からだ》は、どんな　ようすでしたか。二《ふた》つに　○を　つけましょう。

(○) 矢《や》が何本《なんぼん》もつきささっていた。

(　) 矢《や》が一本《いっぽん》だけつきささっていた。

(○) あせが、たきのようにながれおちていた。

2 (1) 白馬《しろうま》は、どんなふうに　スーホの　ところへ　帰《かえ》って　きたのですか。

白馬《しろうま》は、ひどい　きず　をうけながら、走《はし》って、走《はし》って、走りつづけて　スーホのところへ帰《かえ》ってきたのです。

26頁

スーホの白《しろ》い馬《うま》 (7)

名前

きょうか書《しょ》の　つぎの　文《ぶん》を　二回《にかい》　読《よ》んで、答《こた》えましょう。

1

「スーホは、はを食《く》いしばりながら、…」

から

「…「白馬《しろうま》、ぼくの白馬《しろうま》、しなないでおくれ。」」

まで

※きず口《ぐち》…きずついた　ところ。

2

「でも、白馬《しろうま》は、弱《よわ》りはてていました。…」

から

「…目《め》の光《ひかり》もきえていきました。」

まで

1 (1) スーホは、どんなふうに　矢《や》を　ぬきましたか。

は　を　食いしばり　ながら　矢《や》をぬきました。

(2) 白馬《しろうま》に　ささって　いる　矢《や》を　ぬくと、どう　なりましたか。

きず口からは、血がふき出しました。

2 (1) 白馬《しろうま》が、弱《よわ》って　いく　ようすに　あてはまる　ことばを　書《か》きましょう。

いき　は、だんだん　細く　なり、目の光　もきえていきました。

27頁

スーホの白《しろ》い馬《うま》 (8)

名前

きょうか書《しょ》の　つぎの　文《ぶん》を　二回《にかい》　読《よ》んで、答《こた》えましょう。

「そして、つぎの日《ひ》、白馬《しろうま》は、しんでしまいました。…」

から

「…そして、やさしくスーホに話《はな》しかけました。」

まで

(1) つぎの　日《ひ》、白馬《しろうま》は、どう　なりましたか。

しんでしまいました。

(2) スーホが　ねむれなかったのは、どんな　気《き》もちからでしたか。

かなしさ　と　くやしさ。

(3) スーホは、だれの　ゆめを　見《み》ましたか。

白馬　の　ゆめ

(4) ゆめの　中《なか》で、スーホが　なでて　やると、白馬《しろうま》は、どう　しましたか。二《ふた》つに　○を　つけましょう。

(　) とろとろと　ねむりこみました。

(　) スーホの　ゆめを　見《み》ました。

(○) 体《からだ》を　すりよせました。

(○) スーホに　話《はな》しかけました。

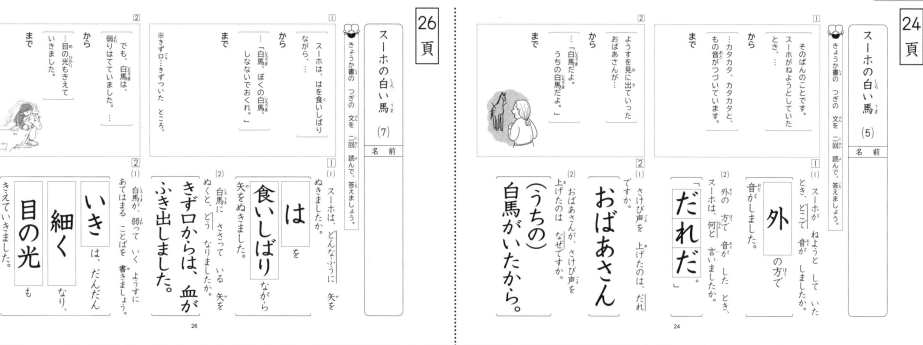

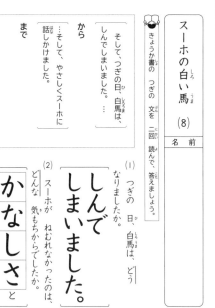

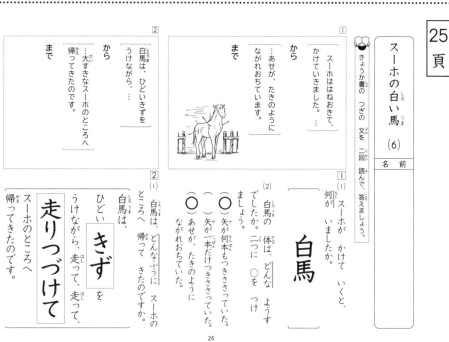

解答例

本書の解答は，あくまでもひとつの例です。児童に取り組ませる前に，必ず指導される方が問題を解いてください。指導される方の作られた解答をもとに，児童の多様な考えに寄り添って○つけをお願いします。

28頁

スーホの白《しろ》い馬《うま》 (9)

名前

きょうか書《しょ》の つぎの 文《ぶん》を 二回《にかい》 読《よ》んで、答《こた》えましょう。

スーホは、白馬《しろうま》の ゆめを 見《み》ました。白馬《しろうま》は、やさしく スーホに 話《はな》しかけました。

「そんなにかなしまないでください。…

から

…いつまでもあなたのそばにいられますから。」

まで

(1) 白馬《しろうま》は、スーホに 何《なに》を 作《つく》ってくださいと 言《い》いましたか。

がっき

(2) 何《なに》を つかって、がっきを 作《つく》りますか。四《よっ》つ 書《か》きましょう。

① ほね
② かわ
③ すじ
④ 毛

(3) わたしとは、だれですか。

白馬

(4) あなたとは、だれですか。

スーホ

29頁

スーホの白《しろ》い馬《うま》 (10)

名前

きょうか書《しょ》の つぎの 文《ぶん》を 二回《にかい》 読《よ》んで、答《こた》えましょう。

スーホは、ゆめからさめると、…

から

…がっきはできあがりました。これが馬頭琴《ばとうきん》です。

まで

(1) スーホは、ゆめから さめると、すぐ、何《なに》を はじめましたか。

がっき を作《つく》りはじめました。

(2) ほねや かわや、すじや 毛《け》を どんなふうに 組《く》み立《た》てていきましたか。

ゆめで、白馬 が 教えてくれた とおりに、ほねやかわや、すじや毛を、むちゅう で組み立《た》てていきました。

(3) がっきの 名前《なまえ》は 何《なん》と いいますか。

馬頭琴

30頁

スーホの白《しろ》い馬《うま》 (11)

名前

きょうか書《しょ》の つぎの 文《ぶん》を 二回《にかい》 読《よ》んで、答《こた》えましょう。

1

スーホは、どこへ行《い》くときも、この馬頭琴《ばとうきん》をもっていきました。…

から

…かけ回《まわ》った楽《たの》しさを思《おも》い出《だ》しました。

まで

2

そして、スーホは、自分《じぶん》のすぐわきに…

から

…聞《き》く人《ひと》の心《こころ》をゆりうごかすのでした。

まで

1

(1) それを ひくたびにと ありますが、それとは、何《なん》ですか。

馬頭琴

(2) 馬頭琴《ばとうきん》を ひくたびに、スーホは、何《なに》を 思《おも》い出《だ》しましたか。

白馬《しろうま》をころされた くやしさ や、白馬《しろうま》にのって草原《そうげん》をかけ回《まわ》った 楽しさ を思《おも》い出《だ》しました。

2

(1) 馬頭琴《ばとうきん》を ひくたびに、スーホは、どんな 気《き》が しましたか。

すぐわきに 白馬 が いるような 気《き》がしました。

(2) がっきの 音《おと》は、何《なに》を ゆりうごかすのでしたか。

聞く人 の 心《こころ》

31頁

スーホの白《しろ》い馬《うま》 (12)

名前

きょうか書《しょ》の つぎの 文《ぶん》を 二回《にかい》 読《よ》んで、答《こた》えましょう。

1

やがて、スーホの作《つく》り出《だ》した…

から

…草原中《そうげんじゅう》に広《ひろ》まりました。

まで

2

そして、ひつじかいたちは、夕方《ゆうがた》になると、…

から

…一日《いちにち》のつかれをわすれるのでした。

まで

1

(1) 馬頭琴《ばとうきん》は、どこに 広《ひろ》まりましたか。

広《ひろ》い モンゴル の 草原 中《じゅう》に 広《ひろ》まりました。

2

(1) 夕方《ゆうがた》に なると、あつまるのは だれですか。

ひつじかいたち

(2) うつくしい 音《おと》に 耳《みみ》を すますと、どう なるのでしたか。

一日 の つかれ を わすれるのでした。

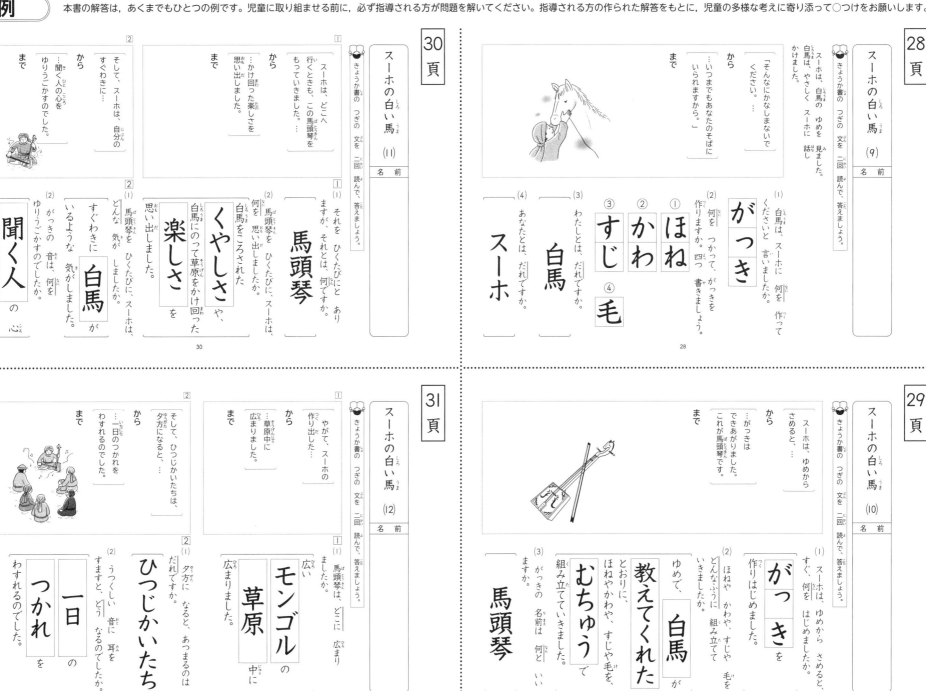

32頁

あまやどり

つぎの　しを　二回《にかい》　読《よ》んで、答《こた》えましょう。

名前

1

あまやどり

つるみ　まさお

ゆうだち　ふって　きた
あっちから　きみが
こっちから　ぼくが
あたまを　かかえて
㋐とびこんだ
大《おお》きな　木《き》の　かさ
きみの　かさ
ぼくの　かさ
の　したで

2

ゆうだち　はれちゃった
あっち　いく　きみと
こっち　いく　ぼくと
にっこり　わらって
あくしゅした
大《おお》きな　木《き》の　かさ
きみの　かさ
ぼくの　かさ
の　したで

※ゆうだち…なつの　夕方《ゆうがた》などに、きゅうに　はげしく　ふり出《だ》して、すぐに　やむ　雨《あめ》。

（令和二年度版　東京書籍　新しい国語　二下　つるみ　まさお）

(1) あまやどりとは、どういう　いみですか。一《ひと》つに　○を　つけましょう。

（○）雨《あめ》が　かからない　ところで、雨《あめ》が　やむのを　まつ　こと。
（　）雨《あめ》が　ふるのを　ねがう　こと。
（　）雨《あめ》に　たくさん　ぬれる　こと。

(2) 1の　㋐とびこんだに　ついて　答《こた》えましょう。

① どんなふうに　㋐とびこんだのですか。
あたま　を　かかえて　とびこんだ

② どこに　㋐とびこんだのですか。
大きな　木《き》の　した

(3) 2の　きみと　ぼくは、大《おお》きな　木《き》の　したで　何《なに》を　しましたか。
にっこり　わらって
あくしゅ　した

33頁

ビーバーの　大工事《だいこうじ》（1）

つぎの　あらすじと　文《ぶん》しょうを　二回《にかい》　読《よ》んで、答《こた》えましょう。

名前

北《きた》アメリカの　大《おお》きな　森《もり》の　中《なか》の　川《かわ》の　ほとりで、ビーバーが、するどい　歯《は》で　木《き》の　みきを　かじって　います。木《き》が　地《じ》ひびきを　立《た》てて　たおれます。

1

ドシーン、ドシーン。
あちらでも　こちらでも、
ポプラや　やなぎの　木《き》が
つぎつぎに　たおされて
いきます。

2

ビーバーは、切《き》りたおした
木《き》を、さらに　みじかく
かみ切《き》り、ずるずると
川《かわ》の　方《ほう》に　引《ひ》きずって
いきます。そして、木《き》を
しっかりと　くわえた　まま、
上手《じょうず》に　およいで
いきます。

（令和二年度版　東京書籍　新しい国語　二下　なかがわ　しろう）

1

(1) ビーバーに　たおされて　いる　木《き》の　名前《なまえ》を　書《か》きましょう。
・**ポプラ**
・**やなぎ**

(2) 木《き》が　たおれる　音《おと》を　文中《ぶんちゅう》から　書《か》き出《だ》しましょう。
ドシーン、ドシーン。

2

(1) ビーバーは、切《き》りたおした　木《き》を　どう　しますか。ビーバーが　する　じゅんばんを（　）に　書《か》きましょう。

（**2**）㋐　川《かわ》の　方《ほう》に　引《ひ》きずって　いく。
（**3**）㋑　木《き》を　しっかりと　くわえた　まま、上手《じょうず》に　およいで　いく。
（**1**）㋒　みじかく　かみ切《き》る。

34頁

ビーバーの　大工事《だいこうじ》（2）

つぎの　文《ぶん》しょうを　二回《にかい》　読《よ》んで、答《こた》えましょう。

名前

1

ビーバーは、ゆびと
ゆびの　間《あいだ》に　じょうぶな
水《みず》かきが　ある
後《うし》ろあしで、ぐいぐいと
体《からだ》を　おしすすめます。
㋐おは、オールのような
形《かたち》を　して　いて、
上手《じょうず》に　かじを
とります。

※かじを　とる…正《ただ》しい　方《ほう》に　すすむ。

※後《うし》ろあし　※お…しっぽ

2

ビーバーは、木《き》を
㋑くわえた　まま、
水《みず》の　中《なか》へ
もぐって　いきます。
そうして、㋒木《き》の
とがった　方《ほう》を　川《かわ》の
そこに　さしこんで、
ながれないように　します。

（令和二年度版　東京書籍　新しい国語　二下　なかがわ　しろう）

1

(1) じょうぶな　水《みず》かきは、何《なに》と　何《なに》の　間《あいだ》に　ありますか。
ゆび　と　**ゆび**　の　間《あいだ》に　あります。

(2) ビーバーの　㋐おは、どの　ような　形《かたち》を　して　いますか。
オール　のような　形《かたち》。

2

(1) ビーバーは、何《なに》を　㋑くわえた　まま、水《みず》の　中《なか》へ　もぐって　いきますか。
木

(2) ビーバーは、㋒木《き》の　とがった　方《ほう》を　どこに　さしこみますか。
川《かわ》の　**そこ**。

35頁

ビーバーの　大工事《だいこうじ》（3）

つぎの　文《ぶん》しょうを　二回《にかい》　読《よ》んで、答《こた》えましょう。

名前

1

その　上《うえ》に　小《こ》えだを
つみ上《あ》げて　いき、上《うえ》から
石《いし》で　おもしを　して、
どろで　しっかり
かためて
いきます。

2

家族《かぞく》の
ビーバーたちも、
はこんで　きた　木《き》を
つぎつぎに　ならべ、
石《いし》と　どろで
しっかりと
かためて　いきます。

（令和二年度版　東京書籍　新しい国語　二下　なかがわ　しろう）

1　ビーバーが　した　ことを　三《みっ》つ　書《か》きましょう。

① **小えだ**　を　つみ上《あ》げる。
② **石**　で　おもしを　する。
③ **どろ**　で　かためて　いく。

2　家族《かぞく》の　ビーバーたちは、何《なに》を　どう　しますか。二《ふた》つ　書《か》きましょう。

① **木**　を　つぎつぎに　**ならべ**　ます。
② **石**　と　**どろ**　で　**しっかり**　と　**かためて**　いきます。

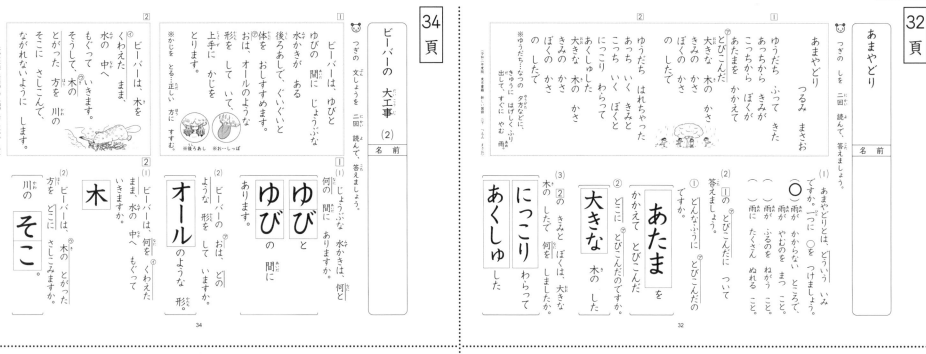

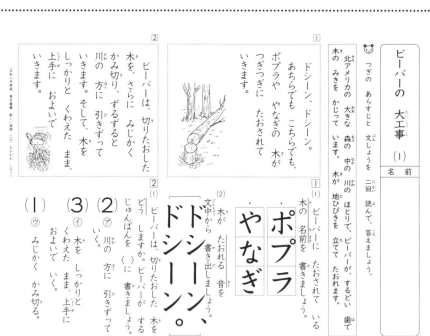

解答例

本書の解答は，あくまでもひとつの例です。児童に取り組ませる前に，必ず指導される方が問題を解いてください。指導される方の作られた解答をもとに，児童の多様な考えに寄り添って○つけをお願いします。

36頁

ビーバーの 大工事《だいこうじ》 (4)

名 前

つぎの 文《ぶん》しょうを 二回《にかい》 読《よ》んで、答《こた》えましょう。

一度《いちど》 もぐった
ビーバーは、ふつうで
五分間《ごふんかん》、長《なが》い ときには
十五分間《じゅうごふんかん》も
水《みず》の 中《なか》に います。
ビーバーは、
夕方《ゆうがた》から 夜中《よなか》まで、
㋐家族《かぞく》そう出《で》で しごとを
つづけます。

※家族《かぞく》そう出《で》…家族《かぞく》が みんなで。

（令和二年度版　東京書籍　新しい国語　二下　なかがわ　しろう）

(1) ビーバーは、水《みず》の 中《なか》に どれくらいの 時間《じかん》、もぐって いますか。

① ふつうの とき　［五分間］

② 長《なが》い とき　［十五分間］

(2) ビーバーは、いつから いつまで、しごとを しますか。

［夕方］から［夜中］まで。

(3) ㋐家族《かぞく》そう出《で》とは、どういう いみですか。いみに 合《あ》った れい文《ぶん》に ○を つけましょう。

（○）家族《かぞく》 みんなで、大《おお》そうじを する。

（　）おかあさんと 妹《いもうと》が 買《か》いものに 行《い》く。

37頁

ビーバーの 大工事《だいこうじ》 (5)

名 前

つぎの 文《ぶん》しょうを 二回《にかい》 読《よ》んで、答《こた》えましょう。

こうして、
つみ上《あ》げられた
木《き》と 石《いし》と どろは、
一方《いっぽう》の 川岸《かわぎし》から
はんたいがわの 川岸《かわぎし》まで、
少《すこ》しずつ のびて いき、
やがて 川《かわ》の 水《みず》を
せき止《と》める りっぱな
ダムが できあがります。

※せき止《と》める…水《みず》の ながれを 止《と》める。

（令和二年度版　東京書籍　新しい国語　二下　なかがわ　しろう）

(1) 何《なに》が つみ上《あ》げられましたか。三《みっ》つ 書《か》きましょう。

［木］・［石］・［どろ］

(2) 木《き》と 石《いし》と どろは、一方《いっぽう》の 川岸《かわぎし》から どこまで のびて いきますか。

［はんたいがわ］の 川岸《かわぎし》まで。

(3) ビーバーは、川《かわ》に 何《なに》を 作《つく》って いた ことが わかりますか。

りっぱな［ダム］。

(4) ダムの やくわりは、何《なん》ですか。文中《ぶんちゅう》から 書《か》き出《だ》しましょう。

川《かわ》の［水］を［せき止める］。

38頁

かさこじぞう (1)

名 前

つぎの あらすじと 文《ぶん》しょうを 二回《にかい》 読《よ》んで、答《こた》えましょう。

じいさまと ばあさまが いました。びんぼうで、明日《あした》 お正月《しょうがつ》が くると いうのに、もちの よういも できません。じいさまは、「何《なに》か 売《う》る ものが ないかな。」と、ざしきを 見回《みまわ》しましたが、何《なに》も ありませんでした。

1

ばあさまは 土間《どま》の
方《ほう》を 見《み》ました。
すると、夏《なつ》の 間《あいだ》に
かりとって おいた
すげが つんで
ありました。

※すげ…細《ほそ》くて 長《なが》い 草《くさ》。

2

㋐「じいさま じいさま、
かさこ こさえて、町《まち》さ
売《う》りに 行《い》ったら、
もちこ 買《か》えんかのう。」
「おお おお、それが
ええ。㋐そう しよう。」

※こさえる…作《つく》る。

（令和二年度版　東京書籍　新しい国語　二下　いわさき　きょうこ）

1

(1) 土間《どま》の 方《ほう》を 見《み》たのは、だれですか。

［ばあさま］

(2) 土間《どま》には 何《なに》が つんで ありましたか。

［夏］の 間《あいだ》に かり とって おいた［すげ］。

2

(1) ㋐は、だれが 言《い》った ことばですか。

［ばあさま］

(2) ㋐そう しようとは、どう する ことですか。○を つけましょう。

（○）かさを 作《つく》って、町《まち》に 売《う》りに 行《い》って、もちを 買《か》う。

（　）もちを 作《つく》って、町《まち》に 売《う》りに 行《い》って、かさを 買《か》う。

※「かさこじぞう」の教材は、令和二年度版　教育出版　ひろがることば　小学国語　二下　にも掲載されています。

39頁

かさこじぞう (2)

名 前

つぎの 文《ぶん》しょうを 二回《にかい》 読《よ》んで、答《こた》えましょう。

1

そこで、じいさまと
ばあさまは 土間《どま》に 下《お》り、
ざんざら すげを
そろえました。
そして、
せっせと
すげがさを
あみました。

2

かさが 五《いつ》つ できると、
じいさまは ㋐それを しょって、
「帰《かえ》りには、もちこ ㋑買《か》って
くるで。にんじん、ごんぼも
しょって くるでのう。」
と 言《い》うて、
出《で》かけました。

※もちこ…もち　※ごんぼ…ごぼう

（令和二年度版　東京書籍　新しい国語　二下　いわさき　きょうこ）

1

(1) じいさまと ばあさまが、土間《どま》に 下《お》りて した ことは、何《なん》ですか。

① ざんざら［すげ］を［そろえました］。

② せっせと［すげがさ］を［あみました］。

2

(1) ㋐それとは、何《なに》ですか。

五《いつ》つの［かさ］。

(2) じいさまは、何《なに》を ㋑買《か》って くると 言《い》って 出《で》かけましたか。文中《ぶんちゅう》の ことばで 三《みっ》つ 書《か》き出《だ》しましょう。

［もちこ、にんじん、ごんぼ］

※「かさこじぞう」の教材は、令和二年度版　教育出版　ひろがることば　小学国語　二下　にも掲載されています。

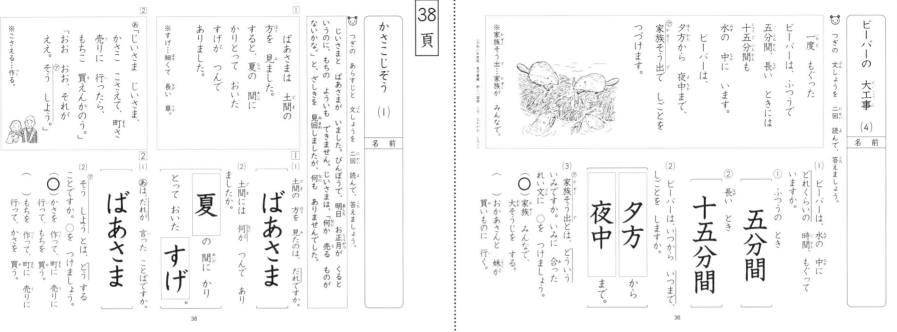

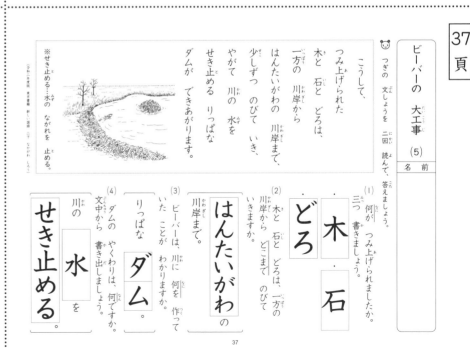

40頁

かさこじぞう (3)

名前

つぎの 文《ぶん》しょうを 二回《にかい》 読《よ》んで、答《こた》えましょう。

町《まち》には 大年《おおどし》の市《いち》が 立《た》って いて、正月買《しょうがつが》いもんの 人《ひと》で 大《おお》にぎわいでした。

うすや きねを 売《う》る 店《みせ》も あれば、山《やま》から まつを 切《き》って きて、売《う》って いる 人《ひと》も いました。

「ええ、まつは いらんか。おかざりの まつは いらんか。」

※大年《おおどし》の市《いち》…大《おお》みそかに ある 市《いち》の こと。
※市《いち》…人《ひと》が あつまって、ものを 売《う》ったり 買《か》ったり する こと。

（令和二年度版　東京書籍　新しい国語　二下　いわさき　きょうこ）

(1) 町《まち》には 何《なん》の市《いち》が 立《た》って いましたか。

大年 の市《いち》

(2) 町《まち》は どんな 人《ひと》で 大《おお》にぎわい でしたか。

正月買いもん の 人《ひと》。

(3) 町《まち》では、どんな ものを 売《う》って いましたか。三《みっ》つ 書《か》きましょう。

・**うす**
・**きね**
・おかざりの **まつ**

※「かさこじぞう」の教材は，令和二年度版　教育出版　ひろがることば　小学国語　二下　にも掲載されています。

40

41頁

かさこじぞう (4)

名前

つぎの 文《ぶん》しょうを 二回《にかい》 読《よ》んで、答《こた》えましょう。

1

じいさまも、㋐声《こえ》を はり上《あ》げました。

「ええ、かさや かさや あ。かさこは いらんか。」

けれども、だれも ふりむいて くれません。しかたなく、じいさまは 帰《かえ》る ことに しました。

2

「年《とし》こしの 日《ひ》に、かさこなんか 買《か》う もんは おらんのじゃろ。ああ、㋑もちこも もたんで 帰《かえ》れば、ばあさまは がっかり するじゃろうのう。」

（令和二年度版　東京書籍　新しい国語　二下　いわさき　きょうこ）

1

(1) ㋐声《こえ》を はり上《あ》げましたとは、どういう ようすですか。一《ひと》つに ○を つけましょう。

（　）小《ちい》さな 声《こえ》で こっそり 話《はな》す。
（○）せいいっぱい 大《おお》きな 声《こえ》を 出《だ》す。
（　）上《うえ》を 見《み》ながら 話《はな》しかける。

(2) じいさまの かさは、売《う》れましたか、売《う》れませんでしたか。

かさは **売れませんでした**。

2

(1) じいさまは、㋑もちこも もたんで 帰《かえ》れば、ばあさまは どんな 気《き》もちに なると 思《おも》いましたか。

ばあさまは **がっかり** するだろうと 思《おも》いました。

※「かさこじぞう」の教材は，令和二年度版　教育出版　ひろがることば　小学国語　二下　にも掲載されています。

41

42頁

かさこじぞう (5)

名前

つぎの 文《ぶん》しょうを 二回《にかい》 読《よ》んで、答《こた》えましょう。

1

いつのまにか、日《ひ》も くれかけました。

じいさまは、㋐とんぼり とんぼり 町《まち》を 出《で》て、村《むら》の 外《はず》れの 野《の》っ原《ぱら》まで 来《き》ました。

2

風《かぜ》が 出《で》て きて、ひどい ふぶきに なりました。

ふと 顔《かお》を 上《あ》げると、道《みち》ばたに ㋑じぞうさまが 六人《ろくにん》 立《た》って いました。

（令和二年度版　東京書籍　新しい国語　二下　いわさき　きょうこ）

1

(1) ㋐とんぼり とんぼりとは、どんな ようすですか。一《ひと》つに ○を つけましょう。

（○）元気《げんき》なく 歩《ある》く ようす。
（　）元気《げんき》よく 歩《ある》く ようす。
（　）とんだり はねたり して 歩《ある》く ようす。

(2) じいさまは、町《まち》を 出《で》て、どこまで 来《き》ましたか。

村《むら》の 外《はず》れの **野っ原** まで。

2

(1) ㋑じぞうさまに ついて 答《こた》えましょう。

① どこに 立《た》って いましたか。

道ばた(に)

② 何人《なんにん》 立《た》って いましたか。

六 人《にん》

※「かさこじぞう」の教材は，令和二年度版　教育出版　ひろがることば　小学国語　二下　にも掲載されています。

42

43頁

かさこじぞう (6)

名前

つぎの 文《ぶん》しょうを 二回《にかい》 読《よ》んで、答《こた》えましょう。

1

おどうは なし、木《き》の かげも なし、㋐ふきっさらしの 野《の》っ原《ぱら》なもんで、じぞうさまは かたがわだけ 雪《ゆき》に うもれて いるのでした。

2

㋐「おお、お気《き》のどくにな。さぞ つめたかろうのう。」

じいさまは、じぞうさまの おつむの 雪《ゆき》を かきおとしました。

※お気《き》のどく…かわいそうに
※おつむ…頭《あたま》

（令和二年度版　東京書籍　新しい国語　二下　いわさき　きょうこ）

1

(1) ㋐ふきっさらしとは、どういう いみですか。一《ひと》つに ○を つけましょう。

（　）風《かぜ》が すこし ふく。
（　）風《かぜ》が ふきはじめる ようす。
（○）風《かぜ》が ビュービュー あたる ところ。

(2) じぞうさまは、どんな ようすで、雪《ゆき》に うもれて いるのでしたか。

かたがわ だけ 雪《ゆき》に うもれて いるのでした。

2

(1) ㋐は、だれが 言《い》った ことば ですか。

じいさま

(2) じいさまは、何《なに》を かきおとしましたか。

じぞうさまの **おつむの 雪**。

※「かさこじぞう」の教材は，令和二年度版　教育出版　ひろがることば　小学国語　二下　にも掲載されています。

43

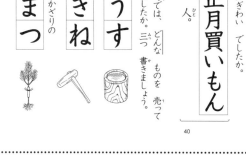

解答例

本書の解答は，あくまでもひとつの例です。児童に取り組ませる前に，必ず指導される方が問題を解いてください。指導される方の作られた解答をもとに，児童の多様な考えに寄り添って○つけをお願いします。

44頁

かさこじぞう (7)

名前

つぎの 文《ぶん》しょうを 二回《にかい》 読《よ》んで、答《こた》えましょう。

1

「こっちの じぞうさまは、
ほおべたに しみを
こさえて。
それから、
この じぞうさまは
どうじゃ。
はなから
つららを 下《さ》げて
ござらっしゃる。」

※ほおべた…ほほ

2

じいさまは、ぬれて
つめたい じぞうさまの
かたやら せなやらを
なでました。
「そうじゃ。
この かさこを
かぶって
くだされ。」

※せな…せなか

（令和二年度版 東京書籍 新しい国語 二下 いわさき きょうこ）

1 (1) じぞうさまの ようすを 文中《ぶんちゅう》の ことばで 書《か》きましょう。

・ほおべた に しみ を こさえて。

・はな から つらら を 下《さ》げて ござらっしゃる。

2 (1) じいさまが、じぞうさまに した ことは、何《なに》ですか。

かたやら せなやらを なでました。

(2) じいさまは、じぞうさまに 何《なに》を かぶって もらおうと しましたか。

かさこ

※「かさこじぞう」の教材は、令和二年度版 教育出版 ひろがることば 小学国語 二下 にも掲載されています。

44

45頁

かさこじぞう (8)

名前

つぎの 文《ぶん》しょうを 二回《にかい》 読《よ》んで、答《こた》えましょう。

じいさまは、売《う》りものの
かさを じぞうさまに
かぶせると、風《かぜ》で
とばぬよう、しっかり
あごの ところで
むすんで あげました。
ところが、じぞうさまの
数《かず》は 六人《ろくにん》、
かさこは 五《いつ》つ。
どうしても
㋐足《た》りません。

（令和二年度版 東京書籍 新しい国語 二下 いわさき きょうこ）

(1) じいさまの した ことは、どんな ことですか。

① 売《う》りものの かさを かぶせる。

② 風《かぜ》で とばぬよう、しっかり あご の ところで むすんで あげました。

(2) じぞうさまと かさこの 数《かず》は それぞれ どれだけですか。

・じぞうさま 六 人《にん》

・かさこ 五 つ

(3) ㋐足《た》りませんと ありますが、何《なに》が 足《た》りないのですか。

かさこ

※「かさこじぞう」の教材は、令和二年度版 教育出版 ひろがることば 小学国語 二下 にも掲載されています。

45

46頁

かさこじぞう (9)

名前

つぎの 文《ぶん》しょうを 二回《にかい》 読《よ》んで、答《こた》えましょう。

じいさまは、じぞうさまに かさを かぶせて いきましたが、一《ひと》つ 足《た》りません。

「おらので わりいが、
こらえて くだされ。」
じいさまは、自分の
つぎはぎの 手ぬぐいを
とると、いちばん
しまいの じぞうさまに
かぶせました。
あ「これで ええ、
これで ええ。」
そこで、㋐やっと
安心《あんしん》して、うちに
帰《かえ》りました。

※つぎはぎ…きものなどの やぶれた ところに、べつの ぬのを あてたり する こと。
※しまい…さいご

（令和二年度版 東京書籍 新しい国語 二下 いわさき きょうこ）

(1) じぞうさまに、じいさまは 何《なに》を しましたか。上《うえ》の 文《ぶん》しょうで、した ことが 書《か》かれて いる 一文《いちぶん》に ――線《せん》を 引《ひ》きましょう。

(2) あは、だれが 言《い》った ことばですか。

じいさま

(3) ㋐やっと 安心《あんしん》してと ありますが、安心《あんしん》したのは だれですか。

じいさま

(4) じぞうさまが どう なったから 安心《あんしん》したのですか。

（れい）
六人の すべての じぞうさまの おつむに 雪が あたらないように して あげたから。

※「かさこじぞう」の教材は、令和二年度版 教育出版 ひろがることば 小学国語 二下 にも掲載されています。

46

47頁

ないた 赤《あか》おに (1)

名前

つぎの あらすじと 文《ぶん》しょうを 二回《にかい》 読《よ》んで、答《こた》えましょう。

心《こころ》の やさしい 赤《あか》おにが いました。赤《あか》おには 人間《にんげん》たちと なかよく くらして いきたいと 思《おも》って いました。そこで ある 日《ひ》、赤《あか》おには 立《た》てふだに 字《じ》を 書《か》いて 戸口《とぐち》の 前《まえ》に 立《た》てました。

1

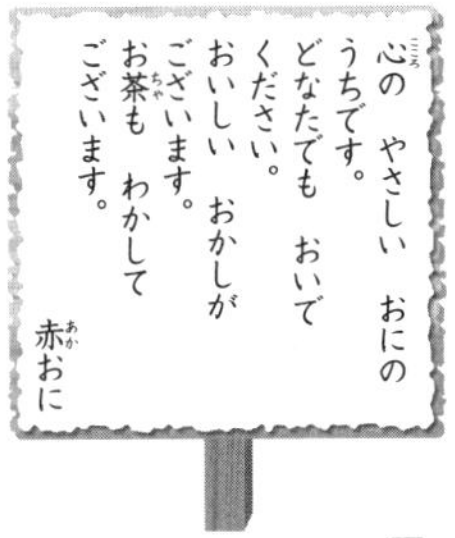

心《こころ》の やさしい おにの うちです。
どなたでも おいで ください。
おいしい おかしが ございます。
お茶《ちゃ》も わかして ございます。
赤《あか》おに

2

つぎの 日《ひ》、村《むら》の
きこりが 二人《ふたり》、
通《とお》りかかって、
立《た》てふだの 字《じ》に
気《き》が つきました。
㋐読《よ》んで みました。
あ「やあ、おにが、おかしと
お茶《ちゃ》とを ごちそうすると
書《か》いて ある。」
い「本当《ほんとう》だろうか。」

（令和二年度版 東京書籍 新しい国語 二下 はまだ ひろすけ）

1 (1) だれが、立《た》てふだを 立《た》てましたか。

赤おに

2 (1) ㋐読《よ》んで みましたと ありますが、何《なに》を 読《よ》んで みましたか。

立てふだの 字

(2) あいは、だれが 言《い》った ことばですか。

あ きこり

い きこり

※「ないた 赤おに」の教材は、令和二年度版 教育出版 ひろがることば 小学国語 二下 にも掲載されています。

47

48頁

ないた　赤《あか》おに　(2)

名前

つぎの　文《ぶん》しょうを　二回《にかい》　読《よ》んで、答《こた》えましょう。

1

㋐「うっかりと　おにの
うちには　入《はい》れない。
うまく　だまして　食《く》う
つもりかも　しれないよ。」
「なるほど　なるほど、
あぶないや。
㋑とっつかまれば
それっきり。」

2

「ためしに　そっと
戸口《とぐち》から　中《なか》を
のぞいて　みようかい。」
「うん。㋒そう　やって、
それから　入《はい》るか
入《はい》らないかを
きめようや。」

1

(1) ㋐うっかりとは、どういう　ようすですか。○を　つけましょう。

(○)ぼんやりして　気《き》づかない　ようす。
(　)そう　しようと　して　する　ようす。

(2) ㋑それっきりの　つづきには、どちらの　文《ぶん》が　入《はい》ると　思《おも》いますか。○を　つけましょう。

(○)食《く》われてしまうかもしれないよ。
(　)おかしと　お茶《ちゃ》とを　ごちそうして　もらえるよ。

2

(1) ㋒そう　やってと　ありますが、どう　する　ことですか。

そっと　**戸口**　から　**中**　を　のぞいて　みる　こと。

49頁

ないた　赤《あか》おに　(3)

名前

つぎの　文《ぶん》しょうを　二回《にかい》　読《よ》んで、答《こた》えましょう。

1

とうじょう人《じん》ぶつ
赤《あか》おに・二人《ふたり》の　きこり

二人《ふたり》の　きこりが
話《はな》して　いるのを、
赤《あか》おには　家《いえ》の　中《なか》から
耳《みみ》を　すまして
㋐聞《き》いて　いました。

赤《あか》おに

※耳《みみ》を　すます…
心《こころ》を　おちつけて、じっと　気《き》を
つけて　聞《き》く　ようす。

2

こそこそ話《ばなし》を　聞《き》きとって、
㋑正直者《しょうじきもの》の　赤《あか》おには、
むっと　しながら　思《おも》いました。

※こそこそ話《ばなし》…人《ひと》に　しられないように、
かくれて　する　話《はなし》。
※正直者《しょうじきもの》…人《ひと》を　だましたり、うそを
言《い》ったりしない　人《ひと》。

1

㋐聞《き》いて　いましたに　ついて　答《こた》えましょう。

① だれが　㋐聞《き》いて　いましたか。

赤おに

② ㋐どこから　どんなふうに　聞《き》いて　いましたか。

家の中　から　**耳**　を　**すまして**　聞《き》いて　いました。

2

㋑正直者《しょうじきもの》の　はんたいの　いみは　どれですか。一《ひと》つに　○を　つけましょう。

(　)やさしい　人《ひと》。
(　)しっかり　した　人《ひと》。
(○)うそを　つく　人《ひと》。

50頁

ないた　赤《あか》おに　(4)

名前

つぎの　文《ぶん》しょうを　二回《にかい》　読《よ》んで、答《こた》えましょう。

1

とうじょう人《じん》ぶつ
赤《あか》おに・二人《ふたり》の　きこり

㋐「だれが、だまして、
人間《にんげん》を　とっつかまえて
食《く》うものか。ぐつぐつ
しないで　㋐さっさと
入《はい》って　くるが　よい。」

赤《あか》おに

2

赤《あか》おには　まちきれ
なくて、まどから　顔《かお》を
出《だ》しました。
「そら、出《で》た、おにが。」
㋑「たいへん、にげろ。」
二人《ふたり》は
どんどん
かけだしました。

赤《あか》おに

1

(1) ㋐は　だれが　言《い》った　ことばですか。

赤おに

(2) ㋐さっさとと　同《おな》じ　いみの　ことばは　どれですか。一《ひと》つに　○を　つけましょう。

(　)のんびり
(○)すばやく
(　)しずかに

2

(1) まどから　顔《かお》を　出《だ》したのは　だれですか。

赤おに

(2) ㋑たいへん、にげろと　言《い》って、二人《ふたり》は、どう　しましたか。

どんどん　**かけだしました**。

51頁

ないた　赤《あか》おに　(5)

名前

つぎの　文《ぶん》しょうを　二回《にかい》　読《よ》んで、答《こた》えましょう。

1

とうじょう人《じん》ぶつ
赤《あか》おに・二人《ふたり》の　きこり

㋐「おおい、おまちよ。
にげなくても　いい。
もどって　おいで。」
おには、そう
よび立《た》てました。
㋐二人《ふたり》は　にげて
もう　見《み》えません。

2

おには　おこって
立《た》てふだを　ぬいて
ぽきんと　おりました。
ふみつけました。

赤《あか》おに

1

(1) ㋐は　だれが　言《い》った　ことばですか。

赤おに

(2) ㋐二人《ふたり》は　どう　なりましたか。文中《ぶんちゅう》から　書《か》き出《だ》しましょう。

にげて　もう　**見えません**。

2

(1) おこった　おにが　した　ことを　じゅんばんに　書《か》きましょう。

① **立てふだ**　を　ぬきました。
② 立《た》てふだを　ぽきんと　**おりました**。
③ 立《た》てふだを　**ふみつけました**。

本書の解答は，あくまでもひとつの例です。児童に取り組ませる前に，必ず指導される方が問題を解いてください。指導される方の作られた解答をもとに，児童の多様な考えに寄り添って○つけをお願いします。

52頁

ないた　赤《あか》おに　(6)

名　前

つぎの　文《ぶん》しょうを　二回《にかい》　読《よ》んで、答《こた》えましょう。

青《あお》おにが　赤《あか》おにに　よびかけて　います。

1

するど　その　とき

㋐おにの　友《とも》だちの　青《あお》おにが

「㋑おおい、おおい。」

と、よびかけながら

ずんずんと

こちらを　さして

やってきました。

※ずんずん…いきおいよく　早《はや》く　すすむ　ようす。

2

雲《くも》に　のって

青《あお》おにには、

むこうの　山《やま》から、

あそびに　来《き》たので

ありました。

㋐「きみ、何《なん》だって、そんな

らんぼうして　いるの。」

(令和二年度版　東京書籍　新しい国語　二下　はまだ　ひろすけ)

1

(1) ㋐おにとは、どちらの　おにですか。○を　つけましょう。

(○)赤《あか》おに　(　)青《あお》おに

(2) ㋑よびかけながらと　ありますが、①だれが　②だれに　よびかけたのですか。

① だれ(が)　**青おに(が)**

② だれ(に)　**赤おに(に)**

2

(1) 青《あお》おにには、何《なに》を　しに　来《き》たのですか。

あそびに　来た。

(2) ㋐は、①だれが　②だれに　言《い》ったことばですか。

① だれ(が)　**青おに(が)**

② だれ(に)　**赤おに(に)**

※「ないた　赤おに」の教材は、令和二年度版　教育出版　ひろがることば　小学国語　二下　にも掲載されています。

53頁

ないた　赤《あか》おに　(7)

名　前

つぎの　文《ぶん》しょうを　二回《にかい》　読《よ》んで、答《こた》えましょう。

青《あお》おにには、どうして　立《た》てふだを　こわしているのかを、赤《あか》おにに　聞《き》きました。

青《あお》おにが　来《き》て、そう

聞《き》くと、㋐頭《あたま》を　かいて

赤《あか》おにには　――　㋑人間《にんげん》と

なかよくしたいと　考《かんが》えて、

木《き》の　立《た》てふだを

立《た》てた　こと、だが、

人間《にんげん》は　うたぐって、

よりつかないと　いう

ことを　みんな

㋒そっくり　話《はな》しました。

(令和二年度版　東京書籍　新しい国語　二下　はまだ　ひろすけ)

(1) ㋐頭《あたま》を　かいてと　ありますが、なぜ、この　とき、赤《あか》おにには　頭《あたま》を　かいたと　思《おも》いますか。○を　つけましょう。

(　)頭《あたま》が　かゆかったから。

(○)自分《じぶん》の　した　ことが　はずかしかったから。

(2) ㋑人間《にんげん》と　なかよくしたいと　考《かんが》えたのは、だれですか。

赤おに

(3) 赤《あか》おにには、木《き》の　立《た》てふだを　立《た》てましたが、人間《にんげん》は　どう　しましたか。

うたぐって、**よりつかない**。

(4) ここでの　㋒そっくりとは、どういう　いみですか。一《ひと》つに　○を　つけましょう。

(○)ぜんぶ

(　)よく　にている

(　)いっしょに

※「ないた　赤おに」の教材は、令和二年度版　教育出版　ひろがることば　小学国語　二下　にも掲載されています。

54頁

ないた　赤《あか》おに　(8)

名　前

つぎの　文《ぶん》しょうを　二回《にかい》　読《よ》んで、答《こた》えましょう。

赤《あか》おにには、人間《にんげん》と　なかよくしたいが　よりつかないと　いう　話《はなし》を　青《あお》おにに　しました。

「なんだい。そうか。

そんなら　㋐ぼくが

これから　村《むら》に　出《で》て

いって、うんと　あばれる。

そこへ　㋑きみが　やって

きて、ぼくの　頭《あたま》を

ぽかぽか　なぐれ。

㋒そう　やれば、

人間《にんげん》たちは

安心《あんしん》して　きみの

ところに　やってくる。

ねえ、そうだろう。

はかりごとだよ。さあ、

それじゃ、一足《ひとあし》　先《さき》に

ぼくが　行《い》く。きみは

後《あと》から　やってこい。」

※はかりごと…人《ひと》を　だます　計画《けいかく》。

(令和二年度版　東京書籍　新しい国語　二下　はまだ　ひろすけ)

(1) ㋐ぼくと　㋑きみは、それぞれ　だれですか。

㋐ ぼく　**青おに**

㋑ きみ　**赤おに**

(2) ㋒そう　やればとは、どういう　ことですか。○を　つけましょう。

(○)あばれて　いる　青《あお》おにの　頭《あたま》を　赤《あか》おにが　ぽかぽか　なぐる　こと。

(　)青《あお》おにと　赤《あか》おにで　いっしょに　あばれる　こと。

(3) ㋒そう　やれば、人間《にんげん》たちは　どう　すると　言《い》って　いますか。

安心　して　**きみ(赤おに)**　の　ところに　**やってくる**。

※「ないた　赤おに」の教材は、令和二年度版　教育出版　ひろがることば　小学国語　二下　にも掲載されています。

55頁

てんとうむし

名　前

つぎの　しを　二回《にかい》　読《よ》んで、答《こた》えましょう。

てんとうむし

かわさき　ひろし

いっぴきでも

てんとうむしだよ

ちいさくても

ぞうと　おなじ　いのちを

いっこ　もっている

㋐ぼくを　みつけたら

こんにちはって　いってね

そしたら　ぼくも

こんにちはって　いうから

てんとうむしの　ことばで

きみには　きこえないけど

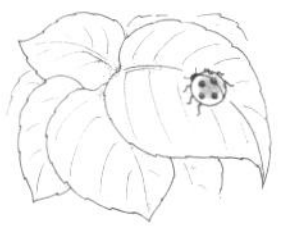

(令和二年度版　教育出版　ひろがることば　小学国語　二下　かわさき　ひろし)

(1) てんとうむしは、ちいさくても　ぞうと　おなじ　何《なに》を　何《なん》こ　もって　いますか。

いのち　を　**いっこ**　もっている

(2) ㋐ぼくに　ついて　答《こた》えましょう。

① ㋐ぼくとは、だれですか。

てんとうむし

② ㋐ぼくを　みつけたら　何《なん》と　いって　ほしいのですか。

こんにちは

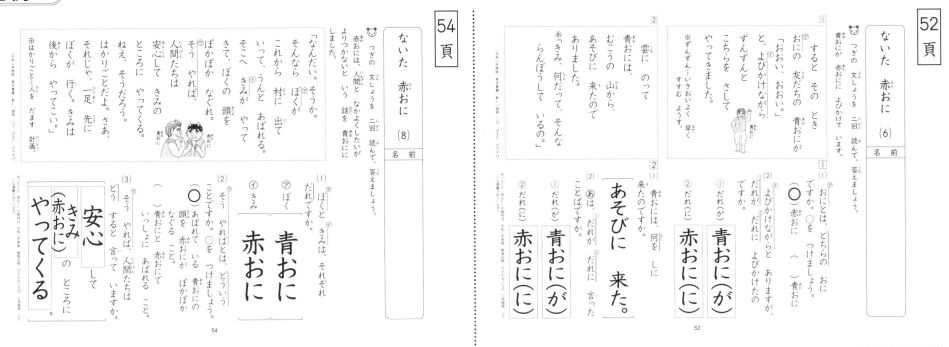

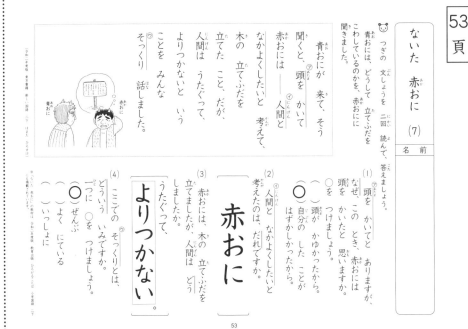

解答例

56頁

木《き》

名前

つぎの しを 二回《にかい》 読《よ》んで、答《こた》えましょう。

木《き》　しみず たみこ

㋐木《き》は いいな、
ことりが とまりに くるから。
ぼく、
㋑木《き》に なりたい。
ぼくの 木《き》に、
すずめが たくさん とまりに きたら、
うれしくて、
くすぐったくて、
からだじゅうの はっぱを ちらちらさせて、
わらっちゃう。

（令和二年度版 教育出版 ひろがることば 小学国語 二下 しみず たみこ）

(1) ㋐木《き》は いいなと ありますが、なぜ いいのですか。

ことり が とまりに くるから。

(2) ぼくは、何《なに》に なりたいのですか。

木

(3) ㋑ぼくの 木《き》に、すずめが たくさん とまりに きたら、どう なると 書《か》かれて いますか。三《みっ》つに ○を つけましょう。

(○) うれしい。
( ) かなしい。
(○) くすぐったい。
(○) わらっちゃう。

56

57頁

主語《しゅご》と 述語《じゅつご》 (1)

名前

文《ぶん》の 中《なか》の、「何《なに》が・何《なに》は・だれが・だれは」に 当《あ》たる ことばを 主語《しゅご》と いいます。「どうする・どんなだ・何《なに》だ」に 当《あ》たる ことばを 述語《じゅつご》と いいます。

(1) つぎの ことばを 書《か》いて、おぼえましょう。

① 主語《しゅご》　主語　主語　主語

② 述語《じゅつご》　述語　述語　述語

(2) つぎの 文《ぶん》を 読《よ》んで、主語《しゅご》に ○、述語《じゅつご》に ——線《せん》を 引《ひ》きましょう。

① からすが なく。
② 外《そと》は さむい。
③ コロッケは おいしい。

④ 妹《いもうと》が わらう。
⑤ 今日《きょう》は 雨《あめ》だ。
⑥ 月《つき》が きれいだ。

57

58頁

主語《しゅご》と 述語《じゅつご》 (2)

名前

(1) つぎの 文《ぶん》を 読《よ》んで、主語《しゅご》に ○、述語《じゅつご》に ——線《せん》を 引《ひ》きましょう。

① わたしは 学校《がっこう》へ 行《い》く。
② ぞうは とても 大《おお》きい。
③ 犬《いぬ》が ワンワンと ほえる。
④ 弟《おとうと》が ボールを なげる。
⑤ 兄《あに》が 本《ほん》を 読《よ》む。
⑥ 友《とも》だちが 家《いえ》に 来《く》る。

(2) つぎの 文《ぶん》を 読《よ》んで、主語《しゅご》に ○、述語《じゅつご》に ——線《せん》を 引《ひ》きましょう。

① 赤《あか》い 花《はな》が さく。
② 明日《あした》の 天気《てんき》は 雪《ゆき》だ。
③ 小《ちい》さな こまが 回《まわ》る。
④ つよい 風《かぜ》が ふく。
⑤ ぼくの 姉《あね》は やさしい。
⑥ この ガムは あまい。

58

59頁

主語《しゅご》と 述語《じゅつご》 (3)

名前

● つぎの 文《ぶん》を 読《よ》んで、主語《しゅご》に ○、述語《じゅつご》に ——線《せん》を 引《ひ》きましょう。

① ねこが ねずみを おいかける。
② わたしの 妹《いもうと》は 二年生《にねんせい》です。
③ 赤《あか》ちゃんは とても かわいい。
④ うしは 草《くさ》を 食《た》べる。
⑤ 電車《でんしゃ》が えきに つく。
⑥ きれいな 花火《はなび》が 上《あ》がる。
⑦ これは 楽《たの》しい あそびだ。
⑧ にっこりと 先生《せんせい》が わらう。
⑨ やっぱり おばけは こわい。
⑩ 金曜日《きんようび》は ぼくの たん生日《じょうび》だ。

59

解答例

本書の解答は，あくまでもひとつの例です。児童に取り組ませる前に，必ず指導される方が問題を解いてください。指導される方の作られた解答をもとに，児童の多様な考えに寄り添って○つけをお願いします。

60頁

主語《しゅご》と 述語《じゅつご》 (4)

名前

(1) つぎの 文《ぶん》を 読《よ》んで、主語《しゅご》に ○、述語《じゅつご》に ——線《せん》を 引《ひ》きましょう。

① (ちょうが) 黄色《きいろ》い 花《はな》に 止まる。

② (トラックが) おもい にもつを はこびます。

③ (プレゼントは) 大《おお》きな くまの ぬいぐるみだ。

(2) つぎの 文《ぶん》を 読《よ》んで、主語《しゅご》に ○、述語《じゅつご》に ——線《せん》を 引《ひ》きましょう。

① わたしの (姉《あね》は) 四月《しがつ》から 中学生だ。

② 近《ちか》くの (公園《こうえん》は) とても 広い。

③ きのう (ゆいさんは) 手紙《てがみ》を 書きました。

(3) つぎの 文《ぶん》を 読《よ》んで、主語《しゅご》に ○、述語《じゅつご》に ——線《せん》を 引《ひ》きましょう。

① 花《か》だんに さいた (花《はな》は) チューリップです。

② あの 高《たか》い (山《やま》が) ふじ山だ。

③ お母《かあ》さんの やいた (パンは) おいしい。

61頁

主語《しゅご》と 述語《じゅつご》 (5)

名前

● つぎの 文《ぶん》を 読《よ》んで、主語《しゅご》に ○、述語《じゅつご》に ——線《せん》を 引《ひ》きましょう。

① (お父《とう》さんは) つめたい コーヒーを のむ。

② とおくで (かみなりが) ゴロゴロと なる。

③ おばあちゃんに もらった (みかんは) あまい。

④ あげたての (天《てん》ぷらは) あつあつで おいしい。

⑤ 家《いえ》の 前《まえ》に (車《くるま》が) 止まる。

⑥ (わたしは) スーパーへ おつかいに 行きました。

⑦ 白《しろ》い (鳥《とり》が) 空《そら》を とぶ。

⑧ (妹《いもうと》は) ひまわりの 絵《え》を かいた。

⑨ わたしの すきな (くだものは) いちごです。

⑩ (先生《せんせい》が) もんだいを 黒《こく》ばんに 書いた。

62頁

主語《しゅご》と 述語《じゅつご》 (6)

名前

● つぎの 文《ぶん》を 読《よ》んで、主語《しゅご》に ○、述語《じゅつご》に ——線《せん》を 引《ひ》きましょう。

① (かぶと虫《むし》は) こん虫だ。

② ぼくの (おじさんは) けいさつかんだ。

③ この ケーキを (作《つく》ったのは) お母さんです。

④ 友《とも》だちの (声《こえ》が) とおくから 聞こえる。

⑤ (先生《せんせい》が) 名前《なまえ》を よびました。

⑥ コスモスの 花《はな》びらを (兄《あに》が) 数える。

⑦ (ピーマンは) みどり色《いろ》を した やさいだ。

⑧ となりの 家《いえ》の (子犬《こいぬ》が) 生まれる。

⑨ (さるが) 木《き》から おちる。

⑩ かけ算《ざん》の (テストは) かんたんだ。

63頁

(64〜78頁は略)

主語《しゅご》と 述語《じゅつご》 (7)

名前

● つぎの 文《ぶん》を 読《よ》んで、主語《しゅご》に ○、述語《じゅつご》に ——線《せん》を 引《ひ》きましょう。

① この (本《ほん》は) おもしろい。

② (車《くるま》が) 広《ひろ》い みちを 通る。

③ わたしの 母《はは》の (しごとは) かんごしです。

④ 赤《あか》と 青《あお》の (線《せん》が) まじわります。

⑤ 後《うし》ろの (人《ひと》が) ゆっくりと ふりかえる。

⑥ (赤《あか》ちゃんが) ミルクを のむ。

⑦ (クッキーは) おいしい。

⑧ 空《そら》を とぶ (のりものは) ひこうきだ。

⑨ きれいな (ほし空《ぞら》が) 見える。

⑩ (弟《おとうと》は) かぜで 学校《がっこう》を 休んだ。

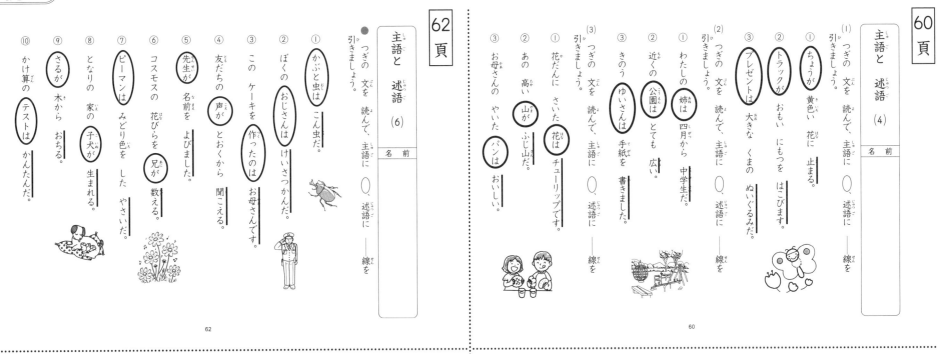

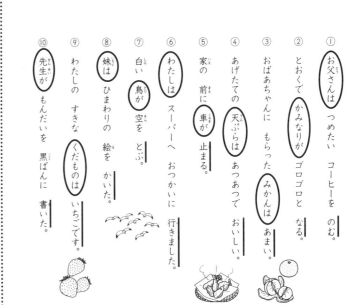

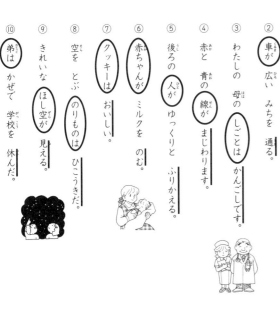

本書の解答は，あくまでもひとつの例です。児童に取り組ませる前に，必ず指導される方が問題を解いてください。指導される方の作られた解答をもとに，児童の多様な考えに寄り添って○つけをお願いします。

解答例

79頁

かたかなで 書《か》く ことば (6)

名前

(1) ①②に あてはまる ことばを □ から えらんで 書《か》きましょう。

① 外国《がいこく》の 国名《こくめい》

カナダ　フランス

② 外国《がいこく》の 人《ひと》の 名前《なまえ》

コロンブス　ピカソ

・カナダ　・コロンブス　・フランス　・ピカソ

(2) ①②に あてはまる ことばを □ から えらんで 書《か》きましょう。

① 外国《がいこく》から きた ことば（食《た》べもの・もの）

コロッケ　ボール

② ものの 音《おと》や どうぶつの 鳴《な》き声《ごえ》

トントン　ワンワン

・トントン　・コロッケ　・ボール　・ワンワン

80頁

かたかなで 書《か》く ことば (7)

名前

● つぎの 文《ぶん》の ——線《せん》の ことばを 正《ただ》しく 書《か》きなおしましょう。

① アイヌクリームを 食《た》べる。

（アイスクリーム）

② ドーナシを 買《か》う。

（ドーナツ）

③ お母《かあ》さんが、マイロンを かける。

（アイロン）

④ ワレヨンで 色《いろ》を ぬる。

（クレヨン）

⑤ かわいい ツールを 手紙《てがみ》に はる。

（シール）

⑥ エプロソを つけて りょうりを する。

（エプロン）

81頁

かたかなで 書《か》く ことば (8)

名前

● つぎの 文《ぶん》を、かたかなで 書《か》く ことばに ——線《せん》を 引《ひ》き、かたかなに なおして、書《か》きましょう。

① てれびで おりんぴっくを みる。

テレビで オリンピックを みる。

② しんでれらの ほんを よむ。

シンデレラの ほんを よむ。

③ ふらんすの おかしを たべる。

フランスの おかしを たべる。

④ かすたねっとを たたく。

カスタネットを たたく。

⑤ べるが りんりんと なる。

ベルが リンリンと なる。

⑥ がらすの こっぷが われる。

ガラスの コップが われる。

82頁

かたかなで 書《か》く ことば (9)

名前

● つぎの 日記《にっき》の 文《ぶん》の 中《なか》で、——線《せん》の ことばを かたかなに なおして、［ ］に 書《か》きましょう。

五月九日《ごがつここのか》

きょう、わたしは、ぼうるあそびを ［ボール］ しました。お母《かあ》さんが、さんどいっちを ［サンドイッチ］ 作《つく》ってくれたので、みんなで ぱくぱくと ［パクパク］ 食《た》べました。ぱんには、はむと れたすが ［パン］［ハム］［レタス］ はさんで ありました。おれんじの ［オレンジ］ じゅうすも ［ジュース］ のみました。おいしかったです。

解答例

本書の解答は，あくまでもひとつの例です。児童に取り組ませる前に，必ず指導される方が問題を解いてください。指導される方の作られた解答をもとに，児童の多様な考えに寄り添って○つけをお願いします。

83頁（84・85頁は略）

かたかなで　書《か》く　ことば　(10)

名　前

● つぎの　手紙《てがみ》の　中《なか》で、かたかなで　書《か》く　ことばを　六《むっ》つ　見《み》つけて、——線《せん》を　引《ひ》き、□に　かたかなで　書《か》きましょう。

おばあちゃんへ
お元気《げんき》ですか。このまえは、ぴあのの　はっぴょう会《かい》を　見《み》に　きて　くれて　ありがとう。わたしが　えんそう　した　「めぬえっと」の　きょくは、どうでしたか。
どいつから　友《とも》だちが　あそびに　きて、いっしょに　おかしを　作《つく》りました。ぷりんと、はあとの　かたちを　した　びすけっとです。また、食《た》べに　きて　くださいね。
さくら

ピアノ　ドイツ　ハート
メヌエット　プリン　ビスケット

83

87頁（88・89頁は略）

にた　いみの　ことば　(4)

名　前

● つぎの　——線《せん》の　ことばと　にた　いみの　ことばを、□から　えらんで　書《か》きましょう。

① 新聞《しんぶん》を　長《なが》い　ひもで　しばる。
［むすぶ］
・ほどく　・むすぶ　・まげる

② おちて　いる　石《いし》を　ぜんぶ　ひろう。
［みんな］
・少《すこ》し　・せまい　・みんな

③ おばあちゃんの　家《いえ》に　行《い》く。
［むかう］
・帰《かえ》る　・もどる　・むかう

④ 東《ひがし》の　空《そら》から　お日《ひ》さまが　のぼる。
［たいよう］
・たいよう　・お月《つき》さま　・星《ほし》

⑤ 学校《がっこう》までの　道《みち》を　聞《き》く。
［たずねる］
・すすむ　・たずねる　・教《おし》える

87

86頁

にた　いみの　ことば　(3)

名　前

● つぎの　ことばと　にた　いみの　ことばを、□から　えらんで　書《か》きましょう。

① ようい　→　したく
・したく　・かたづけ

② ながめる　→　見る
・ながめる　・見《み》る

③ たくさん　→　いっぱい
・いっぱい　・あつめる

④ 聞《き》く　→　たずねる
・たずねる　・なく

⑤ しめる　→　とじる
・あける　・とじる

⑥ むすぶ　→　しばる
・ほどく　・しばる

⑦ すくう　→　たすける
・たすける　・ひろう

⑧ ささやく　→　つぶやく
・聞《き》く　・つぶやく

86

90頁

はんたいの　いみの　ことば　(3)

名　前

● つぎの　ことばと　はんたいの　いみを　あらわす　ことばを、下《した》の　□から　えらんで　書《か》きましょう。

① よわい　↔　つよい

② 広《ひろ》い　↔　せまい

③ 高《たか》い　↔　やすい

④ 小《ちい》さい　↔　大きい

⑤ 右《みぎ》　↔　左

⑥ 多《おお》い　↔　少ない

⑦ 前《まえ》　↔　後ろ

・せまい　・左《ひだり》　・後ろ　・つよい　・やすい　・少《すく》ない　・大《おお》きい

90

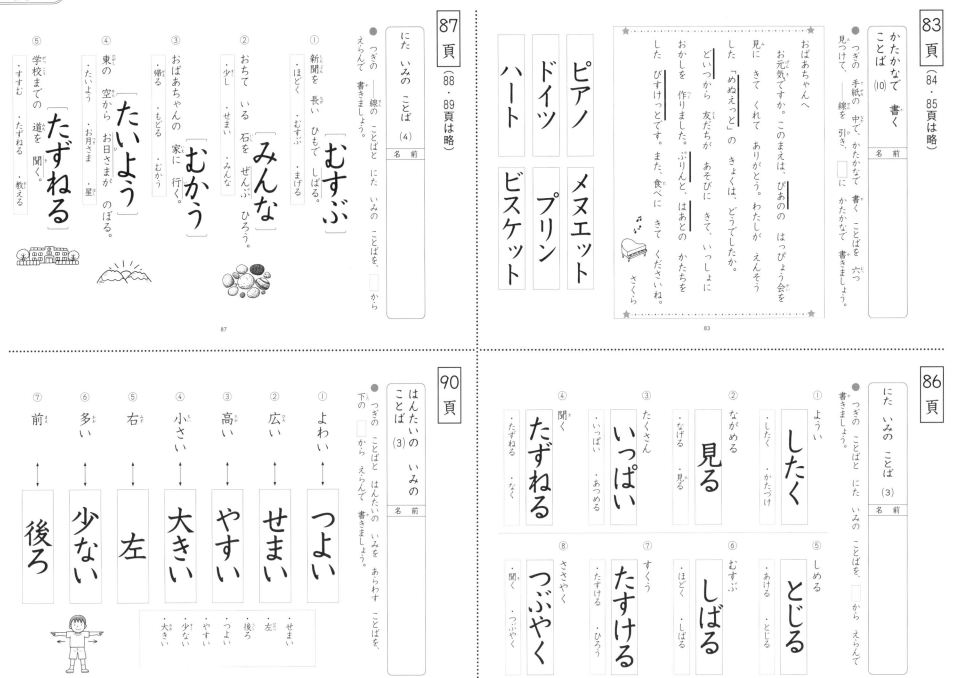

91頁

はんたいの いみの ことば (4)

名前

● つぎの ことばと はんたいの いみを あらわす ことばを、下《した》の □から えらんで 書《か》きましょう。

① あつい ↔ **さむい**

② とおい ↔ **近い**

③ かるい ↔ **おもい**

④ 高《たか》い ↔ **ひくい**

⑤ くらい ↔ **明るい**

⑥ しめる ↔ **あける**

⑦ 細《ほそ》い ↔ **太い**

・ひくい ・近《ちか》い ・あける ・明《あか》るい ・さむい ・太《ふと》い ・おもい

92頁

ようすを あらわす ことば (1)

名前

● □に あてはまる ことばを □から えらんで 書《か》きましょう。

① けむりが **もくもく** あがる。

② 弟《おとうと》と けんかを して **ぷんぷん** おこる。

・もくもく ・ぷんぷん

③ 新聞《しんぶん》を **びりびり** やぶる。

④ さむさで **ぶるぶる** ふるえる。

・ぶるぶる ・びりびり

⑤ やかんの おゆが **ぐらぐら** わく。

⑥ 小《ちい》さな 石《いし》が **ころころ** ころがる。

・ぐらぐら ・ころころ

93頁

ようすを あらわす ことば (2)

名前

● □に あてはまる ことばを □から えらんで 書《か》きましょう。

① 道《みち》で **ばったり** 出会《であ》う。

② 赤《あか》ちゃんが **ぐっすり** ねむる。

・ぐっすり ・ばったり

③ どろぼうが **こっそり** しのびこむ。

④ 大《おお》きな はこに **ぎっしり** つめこむ。

・ぎっしり ・こっそり

⑤ かばんが **ずっしり** おもい。

⑥ とびらを **ぴったり** しめる。

・ずっしり ・ぴったり

94頁

ようすを あらわす ことば (3)

名前

● □に あてはまる ことばを □から えらんで 書《か》きましょう。

① 夜空《よぞら》に 星《ほし》が **きらきら** かがやく。

② ふうせんが **ふわふわ** とんで いる。

③ さか道《みち》を **ゆっくり** 下《くだ》る。

・ゆっくり ・きらきら ・ふわふわ

④ パンに バターを **たっぷり** つける。

⑤ うちわで **ぱたぱた** あおぐ。

⑥ 雪《ゆき》が **しんしん** と ふりつもる。

・ぱたぱた ・たっぷり ・しんしん

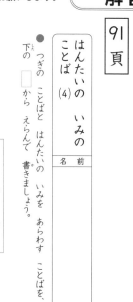

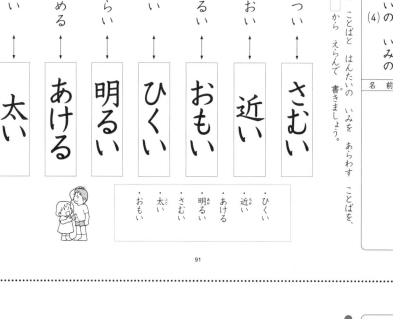

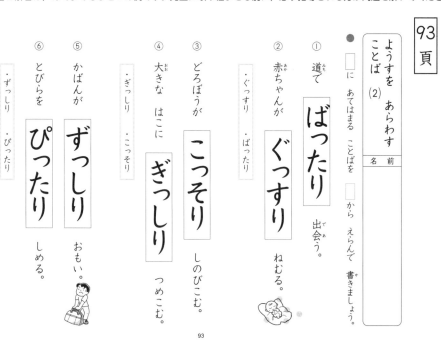

95頁

ようすを あらわす ことば (4)

名前

● □に あてはまる ことばを □から えらんで 書《か》きましょう。

① こまが くるくる 回《まわ》る。

② 外《そと》は ぽかぽか あたたかい。

③ かぎを かけるのを うっかり わすれた。

・ぽかぽか　・うっかり　・くるくる

④ ちょうちょが ひらひら とぶ。

⑤ かみなりが ごろごろ 鳴《な》って いる。

⑥ 夜《よる》の 道《みち》は ひっそり して いる。

・ひらひら　・ごろごろ　・ひっそり

95

96頁 (97～101頁は略)

ようすを あらわす ことば (5)

名前

(1) 上《うえ》の ようすを あらわす 文《ぶん》に あう ことばを ——線《せん》で むすびましょう。

① ふるえる ようす。
② おこって いる ようす。
③ かがやいて いる ようす。
④ あおぐ ようす。

きらきら
ぱたぱた
ぷるぷる
ぷんぷん

(2) 上《うえ》の ようすを あらわす 文《ぶん》に あう ことばを ——線《せん》で むすびましょう。

① いっぱい つめこんで いる ようす。
② よく ねむって いる ようす。
③ とても おもたい ようす。
④ 見《み》つからないように する ようす。

ぎっしり
こっそり
ぐっすり
ずっしり

96

102頁 (103～106頁は略)

原《げん》こう用紙《ようし》の つかい方《かた》 (2)

名前

● つぎの 文《ぶん》しょうを 原《げん》こう用紙《ようし》に 書《か》きましょう。

たまごやきづくり
たなか あおい
日《にち》よう日《び》、わたしは、おとうさんとたまごやきを作《つく》りました。
たまごを二《に》こと、だしをボウルに入れて、かきまぜました。そして、たまごやきに入れてやきました。
おとうさんが、「すごいなあ。」と言って、ほめてくれました。また、がんばって作《つく》ろうと思《おも》います。

　　たまごやきづくり
　　　　　　　たなか　あおい
　日よう日、わたしは、おとうさ
んとたまごやきを作りました。
　たまごを二こと、だしをボウル
に入れて、かきまぜました。そし
て、たまごやきに入れてやきま
した。おとうさんが、
「すごいなあ。」
と言って、ほめてくれました。ま
た、がんばって作ろうと思います。

102 （141%に拡大してご使用ください）

107頁 (108～116頁は略)

小《しょう》の 月《つき》 (2)

名前

(1) つぎの ことばを □から えらんで □に 書《か》きましょう。

「小 の 月《つき》」とは、ひと月《つき》が 三十一 日《にち》よりも みじかい 月《つき》の ことです。

・みじかい　・小《しょう》　・三十《さんじゅう》　・三十一《さんじゅういち》

(2) 「にしむくさむらい」とは、小《しょう》の 月《つき》を おぼえる ことばです。それぞれ 何月《なんがつ》に あたるか □から えらんで □に 書《か》きましょう。

に → 二月
し → 四月
む → 六月
く → 九月
さむらい → 十一月

・六月《ろくがつ》　・九月《くがつ》　・十一月《じゅういちがつ》　・四月《しがつ》　・二月《にがつ》

107

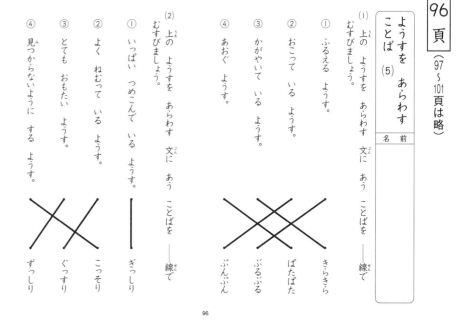

喜楽研の支援教育シリーズ

もっと　ゆっくり　ていねいに学べる　　個別指導に最適

読解ワーク　基礎編　2-②　光村図書・東京書籍・教育出版の教科書教材などより抜粋

2023 年 3 月 1 日

イ ラ ス ト：山口　亜耶　他
表紙イラスト：山口　亜耶
表紙デザイン：エガオデザイン
企 画・編 著：原田　善造・あおい　えむ・今井　はじめ・さくら　りこ
中　あみ・中　えみ・中田　こういち・なむら　じゅん
はせ　みう・ほしの　ひかり・堀越　じゅん・みやま　りょう（他４名）
編 集 担 当：長谷川　佐知子

発　行　者：岸本　なおこ
発　行　所：喜楽研（わかる喜び学ぶ楽しさを創造する教育研究所：略称）
〒604-0827　京都府京都市中京区高倉通二条下ル瓦町 543-1
TEL 075-213-7701　FAX 075-213-7706　HP https://www.kirakuken.co.jp
印　　　刷：株式会社米谷

ISBN : 978-4-86277-412-5

Printed in Japan